Coopération judiciaire internationale en matière pénale

France, Brésil, Suriname

BIBLIOTHÈQUES DE DROIT

COLLECTION FONDÉE ET DIRIGÉE PAR JEAN-PAUL CÉRÉ

Cette collection a pour vocation d'assurer la diffusion d'ouvrages scientifiques sur des thèmes d'actualité ou sur des sujets peu explorés dans le domaine des sciences juridiques. Elle se destine notamment à la publication de travaux de jeunes chercheurs.

Dernières parutions :

C. MENABE, La criminalité féminine

M. TESSIER, Les procédures de la criminalité organisée devant la cour de cassation

N. NOTTO-JAFFEUX, Le conflit d'intérêt chez les avocats

A. GERMON, Le rôle d'initiative des administrations dans l'action publique

O. LECUCQ (dir.), Etat, collectivités territoriales et droits sociaux

A. AMALFITANO, La responsabilité pénale des personnes morales en Europe

N. LORY, La saisie pénale des biens incorporels

M. PERRIN, Le statut pénal de l'animal

A. TATARINOFF, Génocide et crimes de masse (1933-1946)

P. ROUSSEAU, Autonomie personnelle et droit pénal

A. AZARETE, E. GUERRERO et Th. MORETTO (dir.), Fête et droit public

A. BEn GADI, La libération conditionnelle comme outil de gestion du risque

Sous la direction de
Joana FALXA

Coopération judiciaire internationale en matière pénale

France, Brésil, Suriname

L'Harmattan

5-7, rue de l'École-Polytechnique, 75005 Paris

www.harmattan.fr

ISBN : 978-2-343-21894-6
EAN : 9782343218946

Actes du colloque

Coopération judiciaire internationale en matière pénale

France, Brésil, Suriname

organisé avec le soutien de :

- La Collectivité Territoriale de Guyane
- L'Université de Guyane
- L'Agence Universitaire de la Francophonie
- Le GIP Mission Droit et Justice
- La Préfecture de Guyane et le Fonds de coopération régionale
- L'Institut de sciences criminelles et de la justice - Université de Bordeaux
- Le Ministère public fédéral du Brésil et le Ministère public de l'État de l'Amapa (Brésil)

Les organisateurs du colloque remercient toutes les personnes et les instances ayant contribué au bon déroulement de l'événement et à la publication de ces actes.

Actes publiés avec le soutien du GIP Mission Droit et Justice et de la Collectivité territoriale de Guyane.

Principales abréviations

Art	Article
Cass. crim	Chambre criminelle de la Cour de cassation
C. civ	Code civil
Cons. d'Et	Conseil d'État
C. pén	Code pénal
C. pr. pén	Code de procédure pénale
Dr. pén	Revue Droit pénal
Ed	Edition
Gaz. Pal	Gazette du Palais
Infra	Ci-dessous
JO	Journal Officiel
JCP	Jurisclasseur, La semaine juridique
Not	Notamment
P, pp	page(s)
Préc	Précité
Rev. sc. crim	Revue de science criminelle et de droit pénal comparé
RFD adm	Revue française de droit administratif
RTD civ	Revue trimestrielle de droit civil
S	suivant
Supra	Supra
V	Voir

Avant-propos

Historiquement territoire pénitentiaire de la République, la Guyane est à ce jour un carrefour de cultures, de migrations, de populations, de langues. Terre d'échanges, elle subit également de plein fouet les conséquences de sa position frontalière : frontière avec l'étranger, frontière entre l'Amérique du Sud d'une part et l'Union Européenne et l'Espace Schengen d'autre part, frontière entre l'Hexagone et l'Outre-mer... L'essor des activités criminelles et délinquantes – faisant fi, voire tirant profit, de ce caractère frontalier – est le pendant inévitable de ces flux de populations et de biens. Pour y faire face, l'un des principaux mécanismes développés par les États concernés repose sur la coopération internationale en matière pénale.

La coopération pénale internationale s'entend de l'activité déployée par les États afin de mettre à disposition d'autres États leurs propres institutions pénales (judiciaires et policières) dans l'intérêt de l'administration de la justice de ces derniers et afin de faciliter la répression pénale. Cette coopération est qualifiée de « majeure » lorsqu'il s'agit de l'extradition et de « mineure » pour toutes les autres formes d'entraide, telles que les commissions rogatoires internationales. Des travaux existent sur ce sujet, et les praticiens du droit sont quotidiennement confrontés aux défis lancés par le caractère transfrontalier de la criminalité sur le plateau des Guyanes. L'idée du colloque surgit donc dans ce contexte particulier, alliant la nécessité d'une réflexion théorique et d'échanges sur la pratique des acteurs du droit dans ce domaine. Le choix des organisateurs s'est porté en premier lieu sur la coopération entre les systèmes judiciaires de ces États, cadre préalable et nécessaire à toute éventuelle coopération policière interétatique.

Cette question présente un intérêt tout particulier dans ce territoire qu'est la Guyane, en raison de l'existence d'une frontière terrestre avec deux États non membres de l'Union Européenne : le Brésil et le Suriname. Il s'agit d'un cadre spécifique et unique.

Nos réflexions se sont construites autour de trois axes principaux : l'approche théorique de la coopération judiciaire internationale en matière pénale d'une part (1ère partie), une vision plus pratique de ces mécanismes dans le contexte du plateau des Guyanes d'autre part (2ème partie), et enfin la question de la place des droits des personnes concernées par ces procédures de coopération (3ème partie).

En voici le fruit.

1ère PARTIE

La coopération judiciaire internationale en matière pénale : approche théorique

Coopération(s) pénale(s) internationale(s) : diversité ou unité ?

Thomas HERRAN[1]

La complexité de l'entraide pénale internationale n'est plus à démontrer. Nombreux sont les auteurs qui ont dénoncé cet état en usant de qualificatifs plus ou moins imagés : un « *incroyable enchevêtrement* »[2], une « *mosaïque opaque et complexe* », une « *mosaïque nébuleuse* »[3] ou encore une « *mosaïque un peu anarchique* »[4], un « *patchwork* »[5], un « *manteau d'Arlequin à l'aspect multiforme* »[6] ou un « *labyrinthe de Dédale* »[7]. La raison d'être de cet *imbroglio* serait notamment la pluralité de la coopération pénale. Pourtant, l'idée de la multiplicité pourrait

---

[1] Maître de conférences en droit privé et sciences criminelles à l'Université de Bordeaux - ISCJ.

[2] D. Bigo, « L'Europe de la sécurité intérieure », *in* D. Bigo (dir), *L'Europe des polices et de la sécurité intérieure*, coll. Espace international, éd. Complexe, p. 9.

[3] G. Renault, J. Vanderborght, L. Van Outrive, « La collaboration policière internationale en Europe », *Déviance & Société*, vol. 20, n° 2, 1996, p. 173.

[4] G. de Kerchove, « Brèves réflexions sur la coopération policière au sein de l'Union Européenne », *RSC* 2004, p. 553.

[5] G. Renault, J. Vanderborght, L. Van Outrive, *loc. cit.*, p. 173.

[6] P. Berthelet, *Le paysage européen de la sécurité intérieure*, coll. Cité européenne, P.I.E. PETER LANG S.A., 2009, p. 35.

[7] P. Berthelet, « La collaboration entre les services de sécurité intérieure, description - propositions », *Projet de contribution au séminaire du Parlement européen* (commission LIBE), 18 décembre 2006, p. 1.

bien céder face à celle d'une certaine unité de l'entraide pénale.

La coopération pénale internationale peut se définir comme l'ensemble des relations établies entre les autorités répressives de deux ou plusieurs États, qu'il s'agisse des autorités judiciaires ou des forces de police, en vue de s'apporter une aide mutuelle dans l'exercice de leur fonction respective, à des fins de prévention et de répression des infractions. Elle englobe deux réalités : d'une part, l'entraide policière internationale qui désigne l'ensemble des relations établies entre les forces de police nationales (police, gendarmerie, douane…) de deux ou plusieurs États afin de se procurer une aide, mutuelle, dans l'exercice de leur fonction ; d'autre part, l'entraide judiciaire désignant l'ensemble des relations entre les autorités judiciaires dans le but d'accomplir, sur leur territoire respectif, des actes nécessaires pour une procédure pénale ouverte dans leurs États, que ce soit au stade de l'enquête et de l'instruction, des poursuites, du jugement ou encore de l'exécution de la peine. Cette coopération, quelle que soit sa forme, est essentielle car elle est « *la sanction nécessaire des règles de la compétence internationale* »[8].

La singularité de la coopération pénale tient à sa nature hybride, résultant de ses dimensions politique d'un côté et procédurale de l'autre. Les mesures d'entraide pénale constituent à la fois un acte de souveraineté[9] et un acte de

---

8 C'est ce qu'affirmait Henri Donnedieu de Vabres à propos de l'extradition mais qui peut s'appliquer à toute l'entraide pénale internationale. H. Donnedieu de Vabres, *Les principes modernes du droit pénal international*, éd. Panthéon Assas, 2004, p. 248.

9 À propos de l'extradition, Crim. 6 juin 1867, *Bull.* n° 139 ; 17 février 1970, *Bull.* n° 68 ; F. Hélie, *Traité de l'instruction criminelle*, T.1, 1845, p. 399 ; H. Donnedieu de Vabres, *op. cit.*, p. 251 ; à propos de la commission rogatoire internationale, C. Ghica-Lemarchand, « Les contraintes pesant sur les actes d'investigation », *in* A. Cudennec (dir.), *Le droit pénal et la mer*, Presses universitaires de Rennes, 2006, p. 63.

juridiction[10]. Cette ambivalence s'observe à plusieurs niveaux. Par exemple, l'extradition, après avis du juge pénal, est accordée par décret par le pouvoir politique[11]. Également, le mode de transmission des demandes d'entraide est, par principe, la voie diplomatique[12]. Sur le plan juridique, l'hybridité de la coopération pénale s'explique par le fait qu'elle se situe au confluent du droit international et de la procédure pénale. Par conséquent, elle emprunte à ses deux matières et on va ainsi retrouver les mêmes principes fondateurs que dans ces dernières.

Aujourd'hui, la coopération pénale repose sur un double fondement.

Le premier fondement, tout à fait traditionnel et mis en exergue par l'arrêt *Lotus* du 19 juin 1927[13], est la **souveraineté nationale**. À cette occasion, la Cour permanente de justice internationale affirme que le droit international n'empêche pas les États « *d'étendre leurs lois et leur juridiction à des personnes, des biens et des actes hors du territoire, il leur laisse, à cet égard, une large liberté, qui n'est limitée que dans quelques cas par des règles prohibitives* ». Toutefois, elle précise au préalable que « *la limitation primordiale qu'impose le droit international à l'État est celle d'exclure - sauf l'existence d'une règle permissive contraire - tout exercice de sa puissance sur le territoire d'un autre État. Dans ce sens, la juridiction est certainement territoriale ; elle ne pourrait être exercée hors du territoire, sinon en vertu d'une règle permissive découlant du droit international coutumier ou d'une convention* ». Elle opère de la sorte une distinction entre la territorialité matérielle et la territorialité formelle : la première, qui concerne le pouvoir de dire le droit, est relative et autorise l'édiction de lois dont

---

10 H. Donnedieu de Vabres, *op. cit.*, p. 251.

11 CPP art. 696-2.

12 À propos des demandes d'entraide judiciaire, CPP art. 694 ; à propos des demandes d'extradition, CPP art. 696-8.

13 CPJI, 7 sept. 1927, Série A, arrêt n°9, *Publications de la Cour permanente de justice internationale*.

l'application s'étend au-delà du territoire national (compétence normative) ; la seconde, qui concerne la mise en œuvre de la règle de droit, reste impérative (compétence d'exécution). En résumé, on peut reprendre l'idée de Cécile Castella selon laquelle « *le pouvoir d'exécuter le droit de l'État s'arrête donc aux frontières de son territoire alors que le pouvoir de dire le droit peut concerner des faits sans rapport avec le territoire* »[14]. La compétence des autorités répressives étant cantonnée au seul territoire national, la coopération s'est développée en tant que palliatif. Alors, l'entraide est « *l'expression de la souveraineté respective* »[15] des États.

Le second fondement, plus contemporain et encore émergent, est la **protection des droits fondamentaux**. Il se déduit de la jurisprudence de la Cour européenne des droits de l'homme qui a dégagé une obligation positive procédurale de coopérer efficacement à la charge des États dans son arrêt *Rantsev* contre Chypre et Russie du 7 janvier 2010[16], confirmé récemment dans l'arrêt *Guzelyurtlu* et autres contre Chypre et Turquie, du 4 avril 2017[17]. Cette obligation, dégagée à partir de l'obligation de mener une enquête sérieuse, effective et approfondie, implique d'une part, que les États sont tenus de demander le concours des autorités répressives d'un autre État lorsque l'affaire comporte un élément d'extranéité et que les investigations impliquent la commission d'acte à l'étranger ou la remise de personne et qu'elle implique, par exemple, l'obtention de preuves situées à l'étranger ; d'autre

---

14 C. Castella, *Souveraineté de l'État et pouvoir de punir*, thèse dactylographiée, Université de Toulouse 1 Capitole, 2009, p. 776.

15 C. Ghica-Lemarchand, *loc. cit.*, p. 63.

16 CEDH, 7 janv. 2010, *Rantsev c/ Chypre et Russie*, req. n°25965/04 : *JCP G* 2010, p. 132, veil. F. Sudre ; *AJDA* 2010, p. 997, pan. J.F. Flauss ; *RFDA* 2011, p. 987, pan. H. Labayle et F. Sudre ; *RSC* 2011, p. 681, obs. D. Roets.

17 CEDH, 4 av. 2017, *Guzelyurtlu et autres contre Chypre et Turquie*, req. n°39625/07 : *Journal d'actualité en droits européens*, comm. Th. Herran.

part, que l'État saisi d'une demande d'entraide fournisse à l'État requérant « *son assistance, sa compétence et ses moyens* » .

Contribuant à l'effectivité de la répression pénale en assurant sa certitude[18], la coopération est essentielle à différents stades de la procédure. Elle s'est donc considérablement développée dans le but de lutter toujours plus efficacement contre l'impunité. Les nombreuses évolutions qu'elle a connues font d'elle un ensemble hétérogène, à tel point que chaque relation de coopération semble unique et différente des autres, comme taillée sur mesure. Il en résulte une grande diversité, souvent dénoncée par la doctrine.

Cette grande disparité est imputable à plusieurs facteurs.

Premièrement, elle tient à la diversité de l'objet de la coopération pénale. En effet, celle-ci peut prendre des formes extrêmement variées, les actes pouvant être accomplis dans ce cadre sont nombreux. Sans prétendre à l'exhaustivité, un inventaire à la Prévert permet de percevoir cette pluralité. Au titre de l'entraide policière[19], et si l'on s'en tient aux seules mesures relatives à la matière pénale, on dénombre l'échange de données – directement entre les forces de police ou par l'intermédiaire de base de données –, les analyses criminelles – stratégiques ou opérationnelles –, la formation inter-policière, l'observation et la poursuite transfrontalières, les équipes communes d'enquête ou encore les techniques spéciales d'enquête – les surveillances transfrontalières de marchandises ou de personnes et les infiltrations

---

[18] Pour justifier ce qu'il appelait l'entente internationale, Henri Donnedieu de Vabres écrivait que « *la rigueur de la peine importe moins que sa certitude* ». H. Donnedieu de Vabres, *loc. cit.*, p. 248.

[19] S. de Biolley, « Coopération policière dans l'Union européenne », *J.-Cl. Europe*, 2008 ; Th. Herran, *Essai d'une théorie de l'entraide policière internationale*, thèse dactylographiée, Pau, 2012 ; D. Rebut, *Droit pénal international*, 2ème éd., Dalloz, 2014, p. 395.

transfrontalières. Au titre de l'entraide judiciaire[20], il y a d'un côté l'entraide majeure, qui rassemble les procédures de remise de personnes en vue de leur jugement ou de l'exécution d'une peine – l'extradition et le mandat d'arrêt européen ; il y a d'un autre côté l'entraide mineure qui désigne toutes les autres formes d'entraide judiciaire relative aux poursuites – la dénonciation à des fins de poursuite ou encore la transmission de poursuite –, à l'enquête et l'instruction – les demandes d'entraide judiciaire dont l'objet peut être la recherche et la transmission d'éléments de preuve, les auditions et interrogatoires, la notification de charges, la saisie et la confiscation, et tous ses équivalents européens tels que la décision d'enquête européenne ou encore la décision de gel des biens, au jugement ou encore à l'exécution des peines – la transmission de l'exécution ou encore le transfèrement de personnes condamnées.

Deuxièmement, cette disparité est imputable à un facteur géographique. En effet, la coopération pénale s'organise à plusieurs échelles, de telle sorte que se superposent plusieurs espaces de coopération, régis par des textes spécifiques et dotés de leurs propres mécanismes. Il y a tout d'abord un espace mondial, au sein duquel s'organise l'entraide entre États géographiquement éloignés, essentiellement organisé par des conventions bilatérales. Il y a ensuite les espaces régionaux qui se construisent dans chaque région du monde : Afrique, Asie, Amérique du Sud, Amérique du Nord et bien sûr en Europe. En Europe, plusieurs espaces peuvent être identifiés : l'espace de la grande Europe, celui du Conseil de l'Europe, régi par des conventions multilatérales, l'espace de liberté, de sécurité et de justice, au sein duquel s'appliquent les instruments de l'Union européenne, et enfin l'espace Schengen, gouverné par les accords de

---

20 Cf not. B. Aubert, « Entraide judiciaire », *Rép. internat. Dalloz* ; D. Rebut, *op. cit.*, p.137 ; R. Zimmermann, *La coopération judiciaire internationale en matière pénale*, 4ème éd., Stampfli ed., 2014.

Schengen. Enfin, s'ajoutent les espaces frontaliers, qui correspondent aux zones frontalières dans lesquelles une coopération de proximité est organisée : alors, la coopération est régie par les conventions bilatérales entre les États limitrophes. Cette stratification, source de diversité et de complexité, est à l'origine du troisième facteur.

Troisièmement, la disparité s'explique également d'un point de vue institutionnel car les acteurs de la coopération pénale sont de plus en plus nombreux. Si on laisse de côté les autorités répressives nationales, les forces de police et les magistrats, qui en sont les destinataires, les bénéficiaires, il y a de nombreux acteurs qui contribuent à la facilitation ou l'amélioration de l'entraide. Certains d'entre eux sont nationaux, voire binationaux ou multinationaux, d'autres sont supranationaux.

Parmi les premiers, il y a les agents de liaison. Ce sont des fonctionnaires de police – officier de liaison ou attaché de sécurité intérieure dans les ambassades – ou des magistrats d'un État, détachés auprès d'un autre État ou d'une organisation internationale, dans le but de promouvoir et d'accélérer la coopération entre les États ; ils assurent l'échange d'informations et renseignent les autorités de l'État hôte sur le système juridique de l'État qu'il représente[21]. Également, au niveau national, il existe des instances dont le but est de rationnaliser et faciliter la coopération. En France, ont été créés des services dont le rôle est de constituer une autorité centrale et une interface unique des autorités répressives. La section centrale de coopération opérationnelle de police a été inaugurée en 2000, dans un souci de cohérence et de

---

[21] Ils permettent d'accéder plus facilement à la législation du pays, de connaître – et donc de comprendre – les procédures internes, de savoir quelle personne contacter… En conséquence, les demandes d'entraide sont formulées de façon pertinente et les réponses parviennent plus rapidement. L'entraide en est grandement facilitée. B. Aubert, *op. cit.*, n° 140.

rationalisation, pour réunir dans un seul et même endroit les différents canaux d'informations d'entraide policière[22] : les enquêteurs n'ont pas à se préoccuper du choix du canal le plus pertinent (Interpol, Europol ou Schengen) qui sera effectué par le personnel de la section au regard de la demande. Le bureau de l'entraide pénale internationale, service intégré au sein de la direction des affaires criminelles et des grâces du ministère de la Justice, joue le rôle d'autorité centrale et assure la gestion des demandes d'entraide judiciaire émanant des autorités françaises et étrangères[23]. La coopération frontalière repose quant à elle sur des organes spécifiques binationaux, voire multinationaux, que sont les centres de coopération policière et douanière. Il s'agit d'entités, placées en zone frontalière et composées dans la plupart des cas de policiers des deux États limitrophes, en charge de collecter et d'analyser des informations relatives aux affaires transfrontalières et de coordonner les autorités compétentes dans la zone. Ils offrent un « *appui opérationnel aux services policiers nationaux afin qu'ils puissent agir conjointement lors de poursuites ou de surveillances transfrontalières* »[24].

À côté de ces instances nationales spécialisées, il existe des organes de coopération supranationaux. Particulièrement nombreux en matière policière, on en trouve quelques-uns spécialisés dans l'entraide judiciaire. L'un des plus connus et des plus anciens est l'organisation internationale de police criminelle – Interpol, créée en 1923. Son objectif est « *d'assurer et de développer l'assistance réciproque la plus large de toutes les autorités de police criminelle. Elle a également pour but d'établir et développer toutes les institutions capables de contribuer efficacement à la*

---

22 CPP., art. D. 8-2.

23 Arrêté du 17 juillet 2015 fixant l'organisation en bureaux de la direction des affaires criminelles et des grâces, art. 8.

24 N. Gerspracher et F. Lemieux, « Coopération policière, marché de l'information et expansion des acteurs internationaux : le cas d'Europol », *RICPT* 2005, p. 469.

prévention et à la répression des infractions de droit commun »[25]. Les autres principaux organes se sont développés en Europe, et plus précisément au sein de l'Union européenne. On trouve tout d'abord l'Agence européenne pour la coopération des services répressifs qui est une agence européenne[26], créée par une Convention de 1995, sous la dénomination Office européen de police. Europol « *appuie et renforce l'action des autorités compétentes des États membres et leur collaboration mutuelle dans la prévention de la criminalité grave affectant deux ou plusieurs États membres, du terrorisme et des formes de criminalité qui portent atteinte à un intérêt commun qui fait l'objet d'une politique de l'Union, ainsi que dans la lutte contre ceux-ci* »[27]. Il existe ensuite son pendant judiciaire, l'Office européen de justice, institué par une décision du 28 février 2002[28]. Cette agence européenne a pour objectifs de promouvoir et améliorer la coordination entre les autorités répressives concernant les enquêtes et les poursuites, d'améliorer la coopération entre ces autorités et de les soutenir pour renforcer l'efficacité de leurs enquêtes et de leurs poursuites[29]. Aux côtés de ces organes généralistes, il existe des agences dotées d'une compétence plus spécifique : l'agence de l'Union européenne pour la formation des services répressifs spécialisés dans la formation des hauts fonctionnaires de police[30], l'Office de lutte antifraude chargé

---

[25] Statut de l'Organisation internationale de police criminelle, art. 2.

[26] Règlement (UE) 2016/794 du 11 mai 2016 relatif à l'Agence de l'Union européenne pour la coopération des services répressifs (Europol) et remplaçant et abrogeant les décisions du Conseil 2009/371/JAI, 2009/934/JAI, 2009/935/JAI, 2009/936/JAI et 2009/968/JAI, *JOUE L135 du 24 mai 2016*, p. 53.

[27] Règlement (UE) 2016/794, art. 3.

[28] Décision 2002/187/JAI du Conseil du 28 février 2002 instituant Eurojust afin de renforcer la lutte contre les formes graves de criminalité, *JOCE L 63 du 6 mars 2002*, p. 1.

[29] Décision 2002/187/JAI, art. 3.

[30] Règlement (UE) 2015/2219 du Parlement européen et du Conseil du 25 novembre 2015 sur l'Agence de l'Union européenne pour la formation des services répressifs (CEPOL) et remplaçant et abrogeant la décision 2005/681/JAI du Conseil, *JOUE L 319 du 4 déc. 2015*, p. 1.

de lutter contre les fraudes aux intérêts financiers de l'Union européenne[31] et l'Agence de l'Union européenne des garde-frontières et de gardes côtes (Frontex), dont la fonction est d'assurer la « *gestion européenne intégrée des frontières extérieures* »[32].

Quatrièmement, la disparité de l'entraide peut être attribuée à la diversification du domaine de la coopération puisqu'elle peut être mise en œuvre pour toutes situations pénales comportant un élément d'extranéité et qui exigent, pour les besoins de la procédure, l'accomplissement d'actes à l'étranger ou d'éléments à la disposition d'autorités pénales étrangères. Une certaine spécialisation de la coopération dans certains domaines est parfois mise en évidence : terrorisme, trafic des êtres humains, trafics de stupéfiants, cybercriminalité….

Compte tenu de ces nombreux facteurs de variation de la coopération pénale, la réponse à la question soulevée semble, de prime abord, s'imposer avec force de l'évidence. Fatalement, la coopération pénale apparaît comme un phénomène pluriel, au point même qu'il existerait autant de coopérations pénales internationales que de relations d'entraide : chaque texte donnerait naissance à une coopération spécifique, unique ; chaque cadre dans lequel elle s'exerce serait animé de sa propre logique ; chaque relation interpersonnelle entre les acteurs rendrait chaque acte d'entraide singulier. En somme, la diversité est totale. Toutefois, cette diversité apparente doit largement être relativisée

---

31 Décision 1999/352/CE, CECA, Euratom de la Commission du 28 avril 1999 instituant l'Office européen de lutte antifraude (OLAF), *JOCE L 136 du 31 mai 1999*, p. 20.

32 Règlement (UE) 2016/1624 du Parlement européen et du Conseil du 14 septembre 2016 relatif au corps européen de garde-frontières et de garde-côtes, modifiant le règlement (UE) 2016/399 du Parlement européen et du Conseil et abrogeant le règlement (CE) n° 863/2007 du Parlement européen et du Conseil, le règlement (CE) n° 2007/2004 du Conseil et la décision 2005/267/CE du Conseil, *JOUE L 251 du 16 sept. 2016*, p. 1.

car si on peut effectivement avoir une impression de foisonnement, l'étude globale et comparée de ces coopérations révèle, si ce n'est l'existence, du moins l'émergence d'une unité. Plus qu'une différence de nature, les coopérations présenteraient davantage une différence d'intensité. L'unité découle d'un double phénomène. Le premier, perceptible d'un point de vue synchronique, est l'existence de grands modèles de coopération (**I**) qui transcendent cette diversité. Ainsi, la diversité se trouve, *ab initio*, réduite. Le second, observable sur un plan diachronique, est le rapprochement de ces grands modèles de coopération (**II**), œuvrant ainsi à l'unification de l'entraide pénale internationale.

I. L'existence de modèles de coopération

L'idée reçue de la diversité de la coopération pénale peut être battue en brèche, ou du moins relativisée, par la mise en évidence de quelques modèles de coopération de nature différente, faible en nombre, qui contribue à ménager une certaine unité de la coopération. En effet, on peut identifier d'un côté un modèle de coopération internationale – ou mondiale – et de l'autre, deux modèles de coopération régionale.

A. Le modèle de coopération internationale

Le modèle de coopération internationale est celui que l'on retrouve à l'échelle du monde, et concerne les relations établies entre deux ou plusieurs États non frontaliers. En dépit du très grand nombre de textes qui régissent cette coopération, qu'il s'agisse des conventions bilatérales ou multilatérales, il est possible d'identifier un modèle unique en raison de la complémentarité entre les conventions multilatérales et bilatérales d'une part, et de la standardisation conventionnelle, d'autre part.

1. La complémentarité entre les conventions multilatérales et bilatérales

Tout d'abord, la complémentarité entre les conventions multilatérales et bilatérales favorise l'unicité du modèle international de coopération. En effet, la plupart des conventions multilatérales sont des conventions sectorielles, « *plus ou moins bonnes à tout faire* »[33], dont l'objet est de régir toutes les questions relatives à la répression d'un type particulier de criminalité. Tel est le cas par exemple de la convention relative à la répression du faux monnayage de 1929, de la convention onusienne contre la criminalité transnationale organisée de 2000 ou encore de la convention des Nations unies contre la corruption du 31 octobre 2003. Ces accords, comme bien d'autres, contiennent des dispositions qui harmonisent les droits, substantiels et procéduraux, des États signataires et prévoient des mécanismes d'entraide policière ou judiciaire. Si ces conventions comportent systématiquement des règles portant sur l'entraide pénale, celles-ci demeurent très générales et se contentent de stipuler l'obligation à la charge des États de se doter de mécanismes de coopération. En aucun cas elles ne prévoient de règles précises détaillant le régime applicable aux mesures concernées.

Leur mise en œuvre suppose alors l'application du droit national ou l'adoption de conventions d'application, soit multilatérales adoptées à l'échelle régionale, soit bilatérales. Les conventions bilatérales conclues entre les États non limitrophes ont notamment pour ambition de concrétiser les objectifs fixés dans les conventions sectorielles. Elles stipulent donc des règles spécifiques, précises, pour doter les mesures d'entraide d'un régime. Partant, la coexistence d'accords multilatéraux et bilatéraux n'est pas de nature à

---

33 M. Massé, « Les difficultés pratiques de la coopération judiciaire pénale », *in L'espace judiciaire européen*, actes du colloque d'Avignon du 16 octobre 1998, La documentation française, 1998, p. 105.

provoquer l'hétérogénéité de la coopération pénale dans la mesure où les secondes viennent compléter les premières. Mais l'explication la plus déterminante de l'unicité est la standardisation conventionnelle.

2. La standardisation conventionnelle

Ensuite l'unicité du modèle de coopération internationale s'explique par le phénomène de standardisation conventionnelle. La comparaison de plusieurs conventions bilatérales, conclues par la France, révèle l'existence d'une base commune. Ainsi, les accords conclus par l'État français sont élaborés à partir de standards, de normes de références et contiennent, par conséquent, tous plus ou moins les mêmes dispositions.

Il existe trois types de conventions bilatérales conclues par la France avec les autres États non limitrophes – les deux premiers concernent plutôt l'entraide policière, le dernier concerne l'entraide judiciaire[34].

En matière d'entraide policière, il y a tout d'abord les conventions relatives à la coopération en matière de sécurité intérieure[35], qui ont vocation à instaurer entre les parties

---

[34] Hormis ces différents types de conventions, la France a pu, à quelques rares reprises, conclure des accords de coopération en matière de sécurité publique mais dont l'objet était très ciblé et/ou temporaire.

[35] Par exemple : Accord entre le gouvernement de la République française et le gouvernement de la République de Bulgarie relatif à la coopération en matière de sécurité intérieure du 10 avril 2002 ; Accord entre le gouvernement de la République française et le gouvernement de la République de Colombie relatif à la coopération en matière de sécurité intérieure du 22 juillet 2003 ; Accord entre le gouvernement de la République française et le gouvernement de la République de Macédoine relatif à la coopération en matière de sécurité intérieure du 18 décembre 2003 ; Accord entre le gouvernement de la République française et le gouvernement de la République populaire de Chine relatif à la coopération en matière de sécurité intérieure du 8 janvier 2004 ; accord entre le gouvernement de la République française et le gouvernement de la République de Chypre relatif à la coopération en matière de sécurité

« *une coopération technique et opérationnelle en matière de sécurité intérieure* ». Elles énumèrent les domaines dans lesquels cette coopération est menée : la lutte contre des types déterminés d'infractions[36], la police technique et scientifique, la formation des personnels et parfois même l'élaboration de règles législatives et règlementaires en matière de sécurité intérieure[37] ou encore le maintien de l'ordre public. Elles établissent des mesures très hétérogènes telles que l'échange de renseignements, d'expériences, d'experts et de spécialistes ou encore de la formation et de l'échange de documentation. Il y a ensuite les conventions relatives à la coopération en matière d'affaires intérieures[38], dont le champ d'application

---

intérieure du 4 mars 2005 ; accord entre le gouvernement de la République française et le Conseil des Ministres de la République d'Albanie relatif à la coopération en matière de sécurité intérieure du 15 mai 2008.

36 Lutte contre la criminalité organisée, lutte contre le trafic illicite de stupéfiants, lutte contre le terrorisme, lutte contre les infractions à caractère économique et financier, lutte contre la traite des êtres humains, lutte contre l'immigration illégale et la criminalité y afférente, lutte contre les faux et contrefaçons de moyens de paiement et d'identification, lutte contre le trafic des biens culturels et objets d'art volés….

37 Accord entre le gouvernement de la République française et le gouvernement de la République populaire de Chine relatif à la coopération en matière de sécurité intérieure du 8 janvier 2004.

38 Pour l'essentiel, ces conventions ont été conclues avec des États européens, avant qu'ils ne soient dans l'Union européenne et qu'ils participent aux mesures relatives à la matière pénale : Accord entre le gouvernement de la République française et le gouvernement de la République de Pologne relatif à la coopération en matière d'affaires intérieures du 12 septembre 1996 ; Accord entre le gouvernement de la République française et le gouvernement de la République de Roumanie relatif à la coopération en matière d'affaires intérieures du 21 février 1997 ; Accord entre le gouvernement de la République française et le gouvernement de la République de Hongrie relatif à la coopération en matière d'affaires intérieures du 16 janvier 1997 ; Accord entre le gouvernement de la République française et le gouvernement de la République de Malte relatif à la coopération en matière d'affaires intérieures du 9 mars 1998 ; Accord entre le gouvernement de la

est plus large que les précédentes car on y trouve des dispositions relatives à l'entraide policière, à la coopération dans le domaine de la sécurité civile, à la coopération administrative et même parfois à la coopération juridique. Pour l'essentiel, ce type d'accord reprend, peu ou prou, les dispositions des conventions en matière de sécurité intérieure. Dans ces conditions, seuls les domaines de ces deux types de conventions changent, le contenu, concernant l'entraide policière, reste très comparable, si ce n'est similaire.

En matière d'entraide judiciaire, ce phénomène s'observe également car la plupart des traités comportent les mêmes stipulations. Ainsi, les clauses sont reprises d'une convention à l'autre, soit en substance, soit à la lettre. Il y a des clauses types que l'on retrouve quasiment dans toutes les conventions, à l'instar des motifs de refus, de la procédure de transmission, du contenu de la demande, ou encore de l'identification des autorités compétentes, même s'il faut reconnaître que certaines sont plus précises que d'autres[39]. Toutefois, des différences peuvent apparaître concernant le nombre d'instruments d'entraide : certaines conventions vont régir plus d'actes que d'autres – par exemple, les conventions d'entraide judiciaire en matière pénale conclues avec le Brésil et le Mexique sont comparables quasiment en tous points[40] alors que celles conclues avec l'Australie et le Canada régissent plus d'actes que les précédentes[41].

République française et le gouvernement de la République slovaque relatif à la coopération en matière d'affaires intérieures du 7 mai 1998.

[39] Certaines conventions prévoient plus de motifs de refus que d'autres à l'instar de la Convention d'entraide judiciaire en matière pénale entre le Gouvernement de la République française et le Gouvernement de l'Australie du 14 janvier 1993 (art. 16).

[40] Convention d'entraide judiciaire en matière pénale entre le Gouvernement de la République française et le Gouvernement des États-Unis du Mexique du 27 janvier 1994 ; Convention d'entraide judiciaire en matière pénale entre le Gouvernement de la République

Ce phénomène de standardisation conventionnelle, bien qu'il ne soit pas absolu, contribue à atténuer les différences entre les coopérations et participe à l'élaboration d'un modèle de coopération internationale unique. Ainsi les points de divergences s'apparentent davantage à une différence d'intensité qu'à une différence de nature. En revanche, à côté de ce modèle mondial, il existe des coopérations au niveau régional semblant revêtir une différence de nature, constituant ainsi des modèles à part.

B. Les modèles de coopération régionale

La régionalisation de la coopération pénale s'est accompagnée d'un changement de nature au niveau européen. En effet, en dépit du mille feuilles européen résultant de la superposition d'espaces répressifs – l'espace du Conseil de l'Europe, l'espace de l'Union européenne, les espaces intra-européens tels que Schengen ou encore le Benelux, les espaces frontaliers –, seuls deux véritables modèles émergent : tout d'abord, la coopération organisée dans l'espace de liberté, de sécurité et de justice de l'Union européenne en raison du fondement de la confiance mutuelle et la coopération en zone frontalière qui se justifie, en plus, par des nécessités frontalières.

1. La confiance mutuelle

La confiance mutuelle constitue le premier critère de différenciation du modèle européen par rapport au modèle international. Cette expression désigne avant toute chose un état de fait qui constitue le fondement de toute action en

---

française et le Gouvernement de la République fédérative du Brésil du 28 mai 1996.

[41] Convention d'entraide judiciaire en matière pénale entre le Gouvernement de la République française et le Gouvernement du Canada du 15 décembre 1989 ; Convention d'entraide judiciaire en matière pénale entre le Gouvernement de la République française et le Gouvernement de l'Australie du 14 janvier 1993.

commun. Les États, en raison de leur proximité géographique ainsi que des valeurs et de leur culture partagées, tissent des liens de confiance plus aisément et de manière plus approfondie. Cette confiance est alors « *l'élément clé qui constitue le fondement de toute action en commun, indispensable aux actions entre hommes, indispensable aux actions entre États* »[42]. Ainsi, les conventions adoptées dans le cadre du Conseil de l'Europe sont plus ambitieuses que celles conclues à l'échelle internationale car il existe une telle confiance entre les États européens[43]. Mais c'est dans le cadre de l'Union européenne que la confiance mutuelle va jouer un rôle sans précédent en raison du fait qu'elle a été érigée en principe. Dans ce contexte, le principe de confiance mutuelle constitue un standard commun de protection des droits fondamentaux[44], une présomption de protection au sein de tous les ordres juridiques nationaux. Par ailleurs, il implique également que les États européens croient réciproquement en l'efficacité de leurs systèmes pénaux[45]. En somme, la confiance mutuelle porte sur la qualité et l'efficacité du système pénal[46].

Érigée en fondement politique de la coopération pénale européenne, la confiance mutuelle donne corps à des prin-

---

[42] L. Frieden L., « Introduction », *in* G. de Kerchove G. et A. Weyembergh (dir.), *La confiance mutuelle dans l'espace pénal européen*, coll. Institut d'études européennes, éd. De Bruxelles, 2005, p. 13.

[43] V. D. Flore, *Droit pénal européen. Les enjeux d'une justice pénale européenne*, Bruylant, 2009 p. 372.

[44] X. Dupré de Boulois (coord.), *Les grands arrêts du droit des libertés fondamentales*, Dalloz, 2017, p. 175.

[45] J. Lelieur, « Mandat d'arrêt européen », *Rép. pén.* 2017, n°37.

[46] S. De Biolley, « Panorama des mesures accompagnatrices de la confiance mutuelle dans l'espace européen de justice pénale », *in* DE KERCHOVE G. et WEYEMBERGH A. (dir.), *La confiance mutuelle dans l'espace pénal européen*, *op. cit.*, p. 176 ; RUBI-CAVAGNA E., « Réflexions sur l'harmonisation des incriminations et des sanctions pénales prévue par le traité de Lisbonne », *RSC*, 2009, p. 501 ; H. Labayle, « Les garanties procédurales dans l'espace de liberté, sécurité et de justice : histoire d'un blocage », *in* M. Pedrazzi et I. Viarenga (dir.), *Garanties individuelles dans l'espace judiciaire européen en matière pénale*, Bruylant, 2011, p. 156.

cipes juridiques, tels que la reconnaissance mutuelle des décisions de justice répressives qui, consistant en la suppression des entraves à la circulation des décisions judiciaires[47], modifie la nature de l'entraide. La coopération européenne est dépolitisée[48], allégée et accélérée et plus efficace grâce à la réduction de nombreuses entraves à sa mise en œuvre. Ainsi, plusieurs motifs de refus classiques sont supprimés, à l'instar de celui relatif au risque d'atteinte à la souveraineté, à la sécurité, à l'ordre public ou à d'autres intérêts essentiels de l'État, ou encore à ceux liés à la contrariété de la peine à l'ordre public national et au non-respect de la procédure applicable dans l'État d'émission aux garanties fondamentales de la procédure et aux droits de la défense. Par ailleurs, en matière d'échange d'informations, le principe de disponibilité des données, en vertu duquel l'échange transfrontalier de données entre les autorités répressives de l'Union européenne doit être soumis à des conditions uniformes à celui de l'échange interne, a conduit à la remise en cause du principe de propriété des données selon lequel l'État source d'une information en conserve la totale maîtrise.

Ces quelques exemples témoignent de la particularité de la coopération européenne et donc de sa nature singulière par rapport au modèle international. Mais un autre modèle semble s'esquisser au niveau infrarégional dont l'originalité tiendrait aux nécessités frontalières.

---

47 G. Taupiac-Nouvel, *Le principe de reconnaissance mutuelle des décisions répressives dans l'Union européenne. Contribution à l'étude d'un modèle de libre circulation des décisions de justice,* Fondation Varennes, coll. des Thèses, LGDJ, Vol. 54, 2011.

48 La dépolitisation apparaît dans la suppression de la phase politico-administrative des procédures de remise ou encore dans la transmission directe des demandes d'entraide judiciaire et non plus par la « voie ministérielle » ou diplomatique.

2. Les nécessités frontalières

L'existence de frontières communes entre deux pays les pousse naturellement à organiser une coopération efficace. Déjà, ces États, ayant l'habitude de collaborer dans divers domaines, sont par conséquent installés dans une relation de confiance et sont plus enclins à s'accorder une entraide mutuelle approfondie. Mais surtout, la gestion commune de la frontière suppose une coopération adaptée, plus approfondie, rendue nécessaire par la facilitation de son franchissement par les délinquants, notamment dans l'espace Schengen, au sein duquel les frontières intérieures ont été supprimées. Ainsi, les traités qui régissent les relations frontalières sont nombreux : il y a des accords multilatéraux à l'instar de la Convention d'application de l'accord de Schengen et le traité de Prüm[49] ; il y a aussi des accords bilatéraux entre États frontaliers[50].

---

49 Traité entre le royaume de Belgique, la république fédérale d'Allemagne, le royaume d'Espagne, la République française, le Grand-duché de Luxembourg, le royaume des Pays-Bas et la république d'Autriche relatif à l'approfondissement de la coopération transfrontalière, notamment en vue de lutter contre le terrorisme, la criminalité transfrontalière et la migration illégale, dit « traité de Prüm », du 27 mai 2005.

50 Accord entre le gouvernement de la République française et le gouvernement de la République fédérale d'Allemagne relatif à la coopération dans leur zone frontalière entre les autorités policières et douanières du 9 octobre 1997 ; Traité entre la République française et le Royaume d'Espagne relatif à la coopération transfrontalière en matière policière et douanière du 7 juillet 1998, modifié par un accord sous forme d'échange de lettres du 26 novembre 2002 ; Accord entre le gouvernement de la République française et le gouvernement de la République italienne en matière policière et douanière du 3 octobre 1997, complété par un accord sous forme d'échange de lettres du 1 juillet 2002 ; Accord entre le gouvernement de la République française et le Conseil fédéral suisse relatif à la coopération transfrontalière en matière judiciaire, policière et douanière du 11 mai 1998 ; Accord franco-belge relatif à la coopération transfrontalière en matière policière et douanière du 5 mars 2001 ; Accord entre le Gouvernement de la République

Les nécessités frontalières ont alors conduit au développement d'une coopération d'une autre nature qui se caractérise par son caractère opérationnel et sa proximité.

Tout d'abord, elles ont conduit à l'opérationnalisation de la coopération opérationnelle, c'est-à-dire le développement de mesures permettant aux autorités répressives d'un État de « *poser un acte sur le territoire d'un autre État* »[51]. Ainsi, ces nécessités justifient une modification essentielle de la coopération pénale : alors qu'à l'origine elle avait pour objet de compenser l'incompétence extraterritoriale des autorités répressives, elle justifie désormais l'existence d'une certaine compétence extraterritoriale. Par conséquent, l'entraide frontalière présente de véritables spécificités en permettant aux policiers d'un État de continuer, sur le territoire de l'autre État, une action entamée sur le territoire national – l'observation et la poursuite transfrontalières, les surveillances et infiltrations transfrontalières –, de participer à des opérations de maintien de l'ordre – patrouilles mixtes, mise à disposition de personnel – ou encore d'agir à l'étranger dans le cadre des équipes communes d'enquête.

Ensuite, elles ont conduit au développement d'une entraide de proximité qui s'est dotée de ses propres outils. Outre les mesures opérationnelles, ont été créés les centres de coopération policière et douanière aux frontières communes entre la France et les États voisins afin de coordonner l'action policière transfrontalière.

Cette coopération tout à fait singulière serait susceptible de constituer un modèle autonome dans la mesure où elle repose pour une large partie sur une coopération opérationnelle. Mais la ligne de démarcation entre les deux modèles

---

française et le Gouvernement du Royaume de Belgique relatif à la coopération transfrontalière en matière policière et douanière du 18 mars 2013.

51 S. De Biolley, « Coopération policière dans l'Union européenne », *loc. cit.*, p. 12.

européens et le modèle international n'est plus si claire en raison d'un rapprochement.

II. Le rapprochement des modèles decoopération

L'observation de l'évolution des différents modèles laisse entrevoir le renforcement de la coopération pénale car on observe un rapprochement entre eux. Cette convergence s'explique par des facteurs endogènes et exogènes.

A. Les facteurs endogènes du rapprochement

Les premiers facteurs de rapprochement sont endogènes, c'est-à-dire qu'ils sont propres à la coopération et lui sont internes. En effet, ces facteurs ne sont rien d'autre que ses propres fondements, à savoir la souveraineté nationale et la protection des libertés individuelles.

1. La souveraineté nationale

La souveraineté nationale est l'artisane d'un rapprochement *ab initio*. En effet, la préservation de la souveraineté nationale est un impératif constant qui contribue indéniablement à une convergence des modèles. La coopération est établie de telle sorte que son existence et son exercice ne portent pas atteinte à la souveraineté. S'il peut parfois sembler exister une tolérance à l'égard d'une atteinte à la souveraineté dans les modèles régionaux, il n'en est, en réalité, rien.

Tout d'abord, le développement de la coopération opérationnelle laisserait penser, à première vue, à l'existence d'entorses au principe de souveraineté. Toutefois, une telle affirmation doit être relativisée. D'une part, l'existence de l'entraide opérationnelle ne constitue pas en soi une atteinte à la souveraineté car son exercice a été librement accepté par les États souverains. En réalité, cette supposée atteinte n'est que le fruit de l'exercice de la souveraineté. D'autre part, l'exercice de la coopération opérationnelle est encadré de sorte que l'atteinte est fictive. En effet, l'exercice doit être, en principe, autorisé par les autorités de l'État hôte, les agents étrangers sont placés sous l'autorité de l'État hôte et ne peuvent exécuter d'actes contraignants[52]. Finalement, l'État sur le territoire duquel l'opération est réalisée en garde la totale maîtrise.

Ensuite, il est vrai que certains motifs de refus – à l'instar du refus d'exécution fondé sur l'atteinte à la souveraineté, à la sécurité, à l'ordre public ou à d'autres intérêts essentiels de l'État, le refus de reconnaître certains principes – tel le principe de propriété des données –, dont le but était de préserver la souveraineté, ont disparu ou ont été limités dans les instruments européens. Mais une nouvelle fois, on peut observer une atténuation de cette atteinte car d'une part, il existe encore des motifs de refus qui, indirectement, préservent la souveraineté – infraction commise sur le territoire de l'État d'exécution[53] ou encore risque de nuire à des intérêts nationaux essentiels[54] – et d'autre part, on assiste à un retour du principe de propriété, notamment dans le nouveau Règlement Europol[55].

2. Les droits fondamentaux

La protection des droits fondamentaux constitue depuis quelques temps un facteur de rapprochement. En effet, à

---

[52] Th. Herran, *op. cit.*, pp. 383 et s.

[53] Directive 2014/41/UE du Parlement européen et du Conseil du 3 avril 2014 concernant la décision d'enquête européenne en matière pénale, art. 11 ; Décision-cadre 2002/584/JAI du 13 juin 2002 relative au mandat d'arrêt européen et aux procédures de remise entre États membres, art. 4.

[54] Directive 2014/41/UE du Parlement européen et du Conseil du 3 avril 2014 concernant la décision d'enquête européenne en matière pénale, art. 11.

[55] Préambule du règlement Europol, cons. 26 et 27.

l'origine, la différence de nature entre le modèle international et le modèle européen s'expliquait notamment par la présomption de protection équivalente des droits fondamentaux dans le cadre de l'Union européenne. Toutefois, face à l'évidence du caractère factice de la confiance mutuelle, des évolutions ont été amorcées visant à renforcer la protection des droits fondamentaux dans l'entraide européenne par l'émergence d'une clause générale de sauvegarde des droits fondamentaux.

L'évolution est observable en premier lieu au niveau du mandat d'arrêt européen. Parmi les motifs de refus prévus par la décision-cadre[56], aucun ne concerne la protection des droits fondamentaux. Pour pallier cette carence, certains États ont décidé, au moment de la transposition du texte européen, d'ajouter un motif de refus lié à la protection des droits fondamentaux[57], au mépris du droit de l'Union[58]. Si tel n'a pas été le choix du législateur français, la Cour de cassation a dégagé un motif de refus prétorien en vertu duquel l'exécution du mandat peut être refusée lorsqu'elle est susceptible d'entraîner une violation d'un droit fondamental garanti par la Convention européenne des droits de l'homme[59]. Puis, récemment, c'est la Cour de justice de l'Union européenne elle-même qui a admis un tempérament

---

56 Décision-cadre 2002/584/JAI.

57 G. Taupiac-Nouvel, « La garantie des droits fondamentaux dans la mise en œuvre des instruments de coopération judiciaire pénale européenne », *Dr. pén.* 2010, ét. n° 22.

58 La Cour de justice de l'Union européenne a précisé, à plusieurs reprises, que l'exécution d'un mandat d'arrêt européen ne peut pas être refusée pour un motif autre que ceux prévus par la décision-cadre. CJUE, grde Ch., 29 janv. 2013, *Radu*, aff. C-396/11, §36 ; CJUE, Grde Ch., 26 fév. 2013, *Stefano Melloni*, aff. C-399/11.

59 Cass. Crim., 12 mai 2010, n° 10-82746, *Bull.* n° 86 ; Cass. Crim., 28 fév. 2012, n° 12-80744 : *Bull. crim.* n° 56 ; Cass. crim. 8 août 2012, n° 12-84.636 ; Cass. crim., 9 janv. 2013, n° 12-88.102 ; Cass. Crim. 7 août 2013, n° 13-85.706 ; Cass. crim., 13 août 2013, n° 13-84.915 ; Cass. Crim. 20 mai 2014, n° 14-83.138 ; Crim. 5 mai 2015, n° 15-82.108.

à sa propre jurisprudence en considérant que, dans certaines circonstances exceptionnelles, l'exécution peut être refusée lorsque les conditions de détention auxquelles la personne visée sera soumise sont contraires à l'interdiction générale des traitements inhumains et dégradants[60].

Cette promotion des droits fondamentaux n'est pas un phénomène isolé car le législateur européen intègre dans les nouveaux mécanismes de coopération un motif de refus lié à la protection des droits fondamentaux. L'article 1§4 de la directive relative à la décision d'enquête européenne en matière pénale[61] prévoit que « *la présente directive n'a pas pour effet de modifier l'obligation de respecter les droits fondamentaux et les principes juridiques inscrits à l'article 6 du traité sur l'Union européenne, y compris les droits de la défense des personnes faisant l'objet d'une procédure pénale, et il n'est porté atteinte à aucune des obligations qui incombent aux autorités judiciaires à cet égard* », admettant alors la possibilité de refuser l'exécution d'un mandat d'arrêt européen lorsque le remise entraînerait une atteinte à un droit fondamental.

L'effet de la confiance mutuelle sur la coopération européenne doit être largement relativisé, tant au niveau de l'Union européenne qu'au niveau national. Cela contribue au rapprochement entre les modèles européens et le modèle international. Mais d'autres facteurs, exogènes cette fois-ci, y contribuent également.

B. Les facteurs exogènes de rapprochement

Les seconds facteurs du rapprochement peuvent être qualifiés d'exogènes, en ce sens qu'ils relèvent des influences réciproques entre les différents modèles de coopération.

---

[60] Ce refus peut être prononcé après un double examen strict devant établir l'existence de défaillances et la soumission effective de la personne aux conditions de détention indigne. CJUE, 5 av. 2016, *Aranyosi et Caldararu*, aff. C-404/15, C-659/15.

[61] Directive 2014/41/UE.

Chaque modèle constitue une source d'inspiration et conduit à la modification des autres. Ces influences existent entre les deux modèles régionaux et entre les modèles régionaux et le modèle international.

1. Les influences entre les deux modèles régionaux

La première sphère d'influence s'observe entre le modèle frontalier et le modèle européen. Les deux s'alimentent mutuellement, de sorte que chacun évolue au contact de l'autre. En effet, la très grande majorité des règles relatives à la coopération transfrontalière a été intégrée en droit de l'Union européenne et fait ainsi partie de l'espace de liberté, de sécurité et de justice. La coopération Schengen, qui a pour objet la coopération frontalière, a été intégrée par le traité d'Amsterdam. Également, une partie des dispositions du traité de Prüm a été incorporée dans le droit de l'Union par une décision-cadre de 2008[62]. Il s'agit là d'une technique bien connue, celle des laboratoires[63], consistant à expérimenter des mécanismes dans un cadre restreint pour ensuite les étendre à l'ensemble de l'Union. Elle est même institutionnalisée puisque les traités européens[64] permettent de réaliser des coopérations renforcées. De la sorte, des nouvelles techniques de coopération peuvent être expérimentées pour être éventuellement généralisées dans l'espace européen. Ainsi, l'Union européenne assure la diffusion des pratiques qui ont fait leurs preuves dans tous les espaces frontaliers européens. Apparaît alors une influence réciproque entre ces deux modèles de coopération.

---

62 Décision du Conseil 2008/615/JAI du 23 juin 2008 relative à l'approfondissement de la coopération transfrontalière, notamment en vue de lutter contre le terrorisme et la criminalité transfrontalière, *JOUE L210, 6 août 2008*, p. 1.

63 M. Delmas-Marty, « L'espace judiciaire européen, laboratoire de la mondialisation », *D.* 2000, p. 422.

64 TUE, art. 20 ; TFUE, art. 328.

2. Les influences réciproques entre les modèles international et européen

Dans certains domaines, le modèle européen s'est inspiré du modèle international. Plus exactement, il est courant que le droit de l'Union ne soit que la mise en œuvre ou la diffusion des normes édictées soit dans le cadre du Conseil de l'Europe, soit dans le cadre international. Par exemple, les instruments normatifs de l'Union européenne visant à rapprocher les droits nationaux substantiels s'inspirent largement des conventions internationales, comme en atteste la législation européenne en matière anti-terroriste[65]. Par ailleurs, les directives européennes relatives à la lutte contre le blanchiment et le financement du terrorisme s'appuient sur les recommandations du GAFI[66].

De la même manière, la coopération européenne peut constituer un laboratoire pour le modèle international, qui à moyen ou long terme pourra s'enrichir des règles de coopération européenne. Cette hypothèse a été explorée par certains auteurs[67]. L'Union européenne organisant une coopération sans commune mesure, elle constitue un véritable laboratoire dont les réussites pourraient être importées dans d'autres espaces régionaux mais surtout dans l'espace mondial. Par ailleurs, de manière assez surprenante, la Cour européenne pourrait devenir l'artisane de ce rapprochement en procédant à l'uniformisation de sa jurisprudence pour les

---

65 Th. Herran, « La politique anti-terroriste de l'Union européenne : mythe ou réalité ? », *in* A. Gogorza et M. Lacaze (dir), *Les politiques anti-terroristes en Europe*, Les colloques de l'ISCJ n° 1, n° 31.

66 A. Met-Domestici, « Le cadre juridique de la lutte contre le blanchiment d'argent dans l'Union européenne », *Rev. UE* 2015, p. 217.

67 Mireille Delmas-Marty a mis en avant cette idée en soulignant que « *le "laboratoire européen" permettrait, malgré ses spécificités, de tester les réponses et de tirer les leçons, des échecs comme des réussites* ». M. Delmas-Marty, « L'espace judiciaire européen, laboratoire de la mondialisation », D., 2000, p. 422.

coopérations internationale et européenne[68]. Elle a entamé un tel processus notamment dans une décision du 4 avril 2017[69], dans laquelle elle a refusé qu'un État justifie le refus d'entraide au motif que l'État requérant (République turque de Chypre du nord) n'est pas reconnu comme un État par la communauté internationale. Ce faisant, la Cour dissocie complètement la coopération pénale de sa dimension politique, et œuvre alors à la dépolitisation de la coopération internationale.

Le rapprochement des modèles de coopération renforce l'idée de l'unité de la coopération dont les variations dépendent en définitive non pas d'une différence de nature, mais d'une différence d'intensité.

---

68 Th. Herran, « L'emprise de la CEDH sur l'entraide répressive internationale », *RSC* 2013, p. 735.

69 CEDH, 4 avril 2017, *Guzelyurtlu et autres c. Chypre et Turquie*, préc.

Les modalités de coopération pénale internationale en droit brésilien

CARLOS EDUARDO A. JAPIASSU[1]

La coopération internationale en matière pénale est l'un des sujets majeurs des dernières décennies dans le cadre des relations internationales, en particulier après la chute du Mur de Berlin et dans un contexte de mondialisation.

L'internationalisation constante peut ainsi être vérifiée avec l'harmonisation conséquente des systèmes pénaux et l'émergence de « systèmes d'interdiction globaux » dans lesquels des législations identiques ou à tout le moins très similaires traitant les mêmes problématiques peuvent être trouvées dans plusieurs États, comme dans le cas du blanchiment d'argent.

Dans ce contexte, il est nécessaire d'adopter des mesures qui permettent la coopération en matière pénale entre les différents États. Dans ce cadre de l'internationalisation du droit pénal et de la coopération en matière pénale, le Brésil a encore un cadre juridique relativement limité dans ce domaine.

Coopérer signifie opérer conjointement avec quelqu'un, collaborer. En ce sens, la coopération internationale doit, en substance, représenter une action coordonnée de deux ou plusieurs États ou organisations internationales visant un

---

[1] Professeur de droit pénal à l'Université Fédérale de Rio de Janeiro et à l'Université de l'État de Rio de Janeiro.

objectif commun. L'objectif de la coopération entre États ou organismes internationaux est la lutte contre la criminalité.

C'est pourquoi la coopération ne se manifeste pas seulement dans la phase judiciaire, mais également dans la phase d'enquête et dans la définition des politiques criminelles.

Sur ce point, il y a eu une modification importante et très récente, qui a étendu les modalités de la coopération pénale internationale : la nouvelle loi sur les migrations. L'objet de notre étude est de présenter la coopération internationale en matière pénale au Brésil, en discutant des modalités prévues dans le système juridique brésilien et de leur état actuel.

A. L'extradition

L'extradition est le mécanisme juridique par lequel un État (l'État requis), sur le territoire duquel se trouve un individu, remet ce dernier à un autre État (l'État requérant), afin que celui-ci le juge (extradition à fin de jugement) ou lui fasse exécuter sa peine (extradition à fin d'exécution).

Elle est considérée comme la forme la plus ancienne de coopération de l'humanité. Il est rapporté qu'en l'an 1291 av. J.-C., Ramsès II et Hattusili, roi des Hittites, ont célébré le premier traité d'extradition connu.

En revanche, au Brésil, l'extradition est relativement récente. Les premiers traités d'extradition furent conclus par le pays entre 1826 et 1836, avec la France, l'Angleterre, l'Allemagne et le Portugal. Parallèlement aux traités conclus, le Ministère des Affaires étrangères du Brésil a, le 4 février 1847, publié une Circulaire réglementant en interne le traitement des demandes d'extradition.

La première loi portant sur l'extradition au Brésil fut la loi n° 2 416 du 28 juin 1911. Ensuite, dans ce domaine, on trouve le Décret-Loi n° 394 de 1938 ; le Décret-loi n° 941 de 1969 ; le Statut des Étrangers (Loi n° 6.815 de 1980) ; et enfin la nouvelle Loi sur les Migrations (Loi n°13.445 du 24 mai 2017).

B. La commission rogatoire

La commission rogatoire est le fait pour un juge d'un État de demander à la justice d'un autre État d'agir sur le territoire étranger ou d'accomplir un acte dans le cadre d'un procès. L'objet des commissions rogatoires est limité aux actes ordinaires et d'instruction pendant un procès.

Le Brésil fait usage de commissions rogatoires depuis le dix-neuvième siècle, lorsque la partie intéressée elle-même était chargée de transmettre la lettre d'un tribunal à l'autre.

La Constitution Fédérale actuelle a établi dans son art. 105, I, i, après l'amendement constitutionnel 45/2004, la compétence du Tribunal Supérieur de Justice pour reconnaître l'*exequatur* aux commissions rogatoires.

C. L'homologation d'une sentence pénale prononcée à l'étranger

L'homologation d'une condamnation pénale prononcée à l'étranger est l'acte procédural de confirmation, indispensable pour donner (quelque) efficacité juridique et force exécutoire à la sentence prononcée par un tribunal étranger.

Comme on considère qu'elle porte atteinte à la souveraineté de l'État pour exécuter des décisions pénales rendues par un autre État, la loi brésilienne exclut l'homologation pour les situations où il n'y a pas de caractérisation de l'exécution du jugement.

L'art. 9 du code pénal brésilien ne permet l'homologation d'une sentence pénale prononcée à l'étranger que de manière à rendre possible la réparation pour la partie civile et à permettre à la personne condamnée d'être soumise à la mesure de sécurité prononcée.

D. Le transfèrement aux fins d'exécution de la peine

Au Brésil, les résistances sont nombreuses à la possibilité d'exécuter une sentence pénale prononcée à l'étranger. Néanmoins, la nouvelle Loi sur la Migration a créé cette possibilité de coopération internationale en matière pénale. Le transfèrement de l'exécution de la peine sera possible lorsque les conditions cumulatives suivantes seront remplies :

a) le condamné sur un territoire étranger est Brésilien ou a une résidence habituelle ou un lien personnel avec le Brésil ;

b) le jugement est devenu définitif ;

c) la durée de la peine à purger est d'au moins un (1) an, à la date de la présentation de la demande à l'État de condamnation ;

d) le fait qui a donné lieu à la condamnation constitue une infraction pénale selon la loi des deux parties ; et

e) il existe un traité ou une promesse de réciprocité.

L'inverse, à savoir le transfèrement d'une personne étrangère condamnée sur le territoire brésilien vers le pays dont il est ressortissant, est également possible. Auparavant, cela n'était envisageable que sur le fondement d'un traité international (MLAT). Ces possibilités ont toutefois été renforcées par la loi sur la Migration de 2017. Le transfèrement des condamnés vise à assurer :

a) la réinsertion des condamnés pour renforcer la reconstruction personnelle face à la perspective d'une future vie du condamné hors de la prison ;

b) un soutien psychologique et émotionnel résultant de la proximité de la famille ;

c) la possibilité de résoudre les difficultés inhérentes à l'étranger en ce qui concerne l'exécution de la peine, comme par exemple la discrimination à l'intérieur des prisons.

La demande doit être fondée sur un traité ou une promesse de réciprocité. Le condamné peut être transféré dans son pays de nationalité ou dans le pays où il a sa résidence habituelle ou un lien personnel, pour autant qu'il en manifeste l'intérêt, afin de purger une peine prononcée par l'État brésilien à partir d'un jugement définitif.

E. L'entraide judiciaire

L'entraide judiciaire doit être comprise comme le soutien que les autorités de l'État requis apportent à la justice de l'État requérant en accomplissant sur leur territoire des actes de procédure ou d'autres actes officiels et en communiquant le résultat aux autorités requérantes étrangères en vue de l'utilisation de ce dernier dans une procédure pénale déterminée. Bien que les procédures semblent très similaires, deux caractéristiques principales différencient l'entraide judiciaire (également désignée sous l'expression d'« assistance mutuelle ») de la commission rogatoire :

a) La commission rogatoire a son propre processus diplomatique et elle est lente, tandis que l'entraide est traitée directement entre les autorités centrales ;

b) Le contenu de l'entraide judiciaire est plus complet que celui de la commission rogatoire.

L'entraide est une forme de coopération juridique prévue par un traité et dotée de caractéristiques de coopération administrative, dans laquelle intervient une autorité judiciaire ou constituée des pouvoirs judiciaires.

F. Coopération avec la Cour pénale internationale

Le Brésil, en tant qu'État membre signataire du Statut de Rome, doit coopérer avec la CPI, tant dans la phase inquisitoire que dans la phase judiciaire, pour les crimes relevant de la compétence de la Cour (crime d'agression, génocide, crimes contre l'humanité et crimes de guerre).

La CPI peut adresser des demandes de coopération aux États parties par la voie diplomatique, par tout autre moyen approprié choisi par l'État partie, par INTERPOL ou par une autre organisation régionale.

Néanmoins, malgré les dispositions du Statut de Rome, à ce jour, il n'existe pas de loi de transposition et, par conséquent, la coopération avec la CPI n'est pas clairement prévue par la loi brésilienne.

Conclusion

En dépit du fait que le Brésil est de plus en plus impliqué dans les relations internationales et donc signataire d'un grand nombre de traités et d'accords en matière pénale, la législation existante est encore très limitée. S'il est vrai que l'on constate une augmentation de la coopération internationale en matière pénale et que la récente loi sur la Migration a renforcé ces possibilités, le chemin à parcourir est encore long.

Il conviendrait d'envisager de nouvelles formes de coopération, telles que le mandat d'arrêt MERCOSUR. Il semble essentiel que le Brésil continue à renforcer son action dans le domaine la coopération pénale internationale, en établissant un ensemble normatif approprié au XXIème siècle et aux exigences d'un monde globalisé.

2ème PARTIE

La coopération judiciaire internationale en matière pénale : approche pratique

Le magistrat de liaison, facilitateur de la coopération judiciaire[1]

Jean-Philippe RIVAUD[2]

Caroline GONTRAN[3]

La France est le premier pays à avoir envoyé le 1er février 1993, après l'assassinat du juge italien Giovanni Falcone le 23 mai 1992, un magistrat français de l'ordre judiciaire auprès du ministère de la Justice italien afin de faciliter l'entraide judiciaire pénale avec l'Italie dans le cadre de la lutte contre la mafia. Cette création, résultant d'un échange de lettres entre les deux ministres de la Justice, présentait à l'origine un caractère expérimental. Elle avait pour but de transposer, dans le domaine judicaire, le réseau des attachés de sécurité intérieure mis en place avec succès dans les ambassades pour favoriser la coopération policière.

S'inspirant de cette initiative franco-italienne, une action commune adoptée par le Conseil de l'Union européenne le 22 avril 1996 a établi dans un second temps « un cadre d'échange de magistrats de liaison visant à l'amélioration de la coopération judiciaire entre les États membres de l'Union européenne ».

---

1 Contribution parue à l'*AJ Pénal* de mars 2017, reproduite avec l'aimable autorisation des auteurs et de l'éditeur.

2 Magistrat, ancien magistrat de liaison au Brésil, au Guyana et au Suriname.

3 Magistrate, cheffe du service des affaires européennes et internationales au secrétariat général du ministère de la Justice.

En droit interne, seule la circulaire du 14 novembre 1997 du ministère de la Justice relative au rôle et aux attributions des magistrats de liaison précise, partiellement, les contours de leurs missions à une date où ils étaient quatre (en Italie et aux Pays-Bas depuis 1993, aux États-Unis depuis 1995 et en Espagne depuis 1997). Or, notre réseau, le plus important du monde, comptait au 1er janvier 2017, 19 postes de magistrat de liaison sur quatre continents et 37 pays. Ils seront 20 au 1er septembre 2017[4] avec une compétence sur 44 pays.

La fonction de magistrat de liaison a évolué de manière significative depuis 24 ans et n'a cessé de se développer à l'aune de la mondialisation de la criminalité organisée et du terrorisme. Concomitamment, l'entraide civile, la coopération technique, les demandes de droit comparé pour toute réforme législative ou réorganisation, voire l'activité consulaire, sont devenues le quotidien de ces magistrats polyvalents.

Représentant aujourd'hui un peu plus d'un quart des postes occupés par des magistrats de l'ordre judiciaire à l'étranger, les magistrats de liaison bénéficient désormais d'une visibilité particulière liée à la spécificité de leurs missions, entre diplomatie et entraide judicaire.

Mis à disposition du ministère des Affaires étrangères et du développement international (MAEDI) par le ministère de la Justice, ils sont placés sous l'autorité de l'ambassadeur de France, représentant de l'État à l'étranger, mais exercent majoritairement leurs fonctions au sein du ministère de la Justice du pays d'accueil. Dotés d'un statut diplomatique, ils sont membres du service des affaires européennes et internationales (SAEI) du secrétariat général du ministère de la Justice.

---

[4] Algérie, Allemagne, Belgique, Brésil, Canada, Chine, Côte d'Ivoire, Espagne, États-Unis, Italie, Maroc, Pays-Bas, Qatar, Roumanie, Royaume-Uni, Russie, Sénégal, Serbie, Tunisie, Turquie.

L'esprit de l'institution reposant sur le principe de réciprocité, le SAEI accueille neuf magistrats de liaison étrangers représentant l'Italie, l'Espagne, les Pays-Bas, les États-Unis, le Royaume-Uni, l'Allemagne, le Maroc, la Roumanie et l'Algérie.

Son originalité réside dans ce statut informel hybride, entre magistrature et diplomatie. Véritable relais de la Chancellerie à l'étranger, le magistrat de liaison est un facilitateur de l'entraide judiciaire internationale pour les juridictions et ses multiples interlocuteurs.

Son action déterminante et croissante, dans le cadre de ses attributions opérationnelles, civiles et pénales, dans les investigations judiciaires transfrontalières, ne doit ainsi jamais se substituer, sauf à fragiliser la procédure judicaire, à celle des véritables acteurs de l'entraide au sens des conventions internationales. Si la souplesse même de son cadre d'intervention explique en grande partie son caractère évolutif et son succès, la rigueur de son positionnement conditionne la pérennité et la crédibilité de la fonction.

I. Un statut mixte, entre magistrature et diplomatie

Le magistrat de liaison est choisi par le ministre de la Justice parmi les magistrats de l'ordre judiciaire au terme d'une procédure rigoureuse de sélection des candidats par les représentants du SAEI et de la direction des services judicaires, confortée par un test de maîtrise de la langue étrangère requise. Il valorise, le plus souvent, un parcours généraliste en juridiction, au siège et/ou au parquet, idéalement complété par une expérience en administration centrale ou dans d'autres institutions. Son expérience solide en juridiction est en effet primordiale pour bénéficier auprès des autorités judiciaires étrangères d'une légitimité qui lui permettra d'être reconnu et identifié comme un interlocuteur, ancien juge ou procureur, crédible. Par ailleurs, il sera ainsi parfaitement en capacité d'être un vecteur du droit et du système judiciaire français à l'international.

Les critères de sélection privilégient les candidatures de magistrats expérimentés et justifiant d'une pratique avérée de l'entraide judiciaire internationale. Outre l'aisance pour s'exprimer dans la ou les langues du ou des pays d'accueil, cette compétence conditionnant pour une bonne part la réussite de sa mission, il doit également justifier d'un fort intérêt pour la géopolitique, le droit comparé et de réelles compétence et appétence pour les relations humaines. Expatrié et immergé dans un environnement professionnel totalement différent du quotidien qu'il a pu connaître en juridiction, il doit faire preuve d'un sens aigu de la diplomatie, de grandes capacités d'adaptation, d'une ouverture lui permettant d'évoluer dans un univers multiculturel et polyglotte.

La spécificité des missions du magistrat de liaison, notamment en matière pénale, impose une protection dans le pays d'accueil, essentiellement pour lui permettre d'aller et venir librement. Il bénéficie ainsi du statut diplomatique, en application de la Convention de Vienne du 18 avril 1961, des immunités qui lui sont rattachées, d'un passeport diplomatique et est considéré comme un chef de service au sein de l'ambassade. Sa nomination, décidée par le ministre de la Justice, formalisée par décret du Président de la République en qualité de premier substitut à l'administration centrale le plus souvent, est subordonnée à l'agrément des autorités de l'État de résidence, à l'instar de celle des autres diplomates en poste à l'étranger. Le ministère de la Justice le rémunère et assure la gestion de sa carrière. En pratique, il dispose d'une grande autonomie dans l'organisation de son travail, pour l'exécution duquel il est en lien constant avec les services de l'administration centrale. Soumis au secret professionnel, il est aussi tenu au secret de l'enquête et de l'instruction. Parfois conduit à manier des informations classifiées, il est également habilité secret défense.

II. Le réseau des magistrats de liaison

La fonction de magistrat de liaison ayant rapidement démontré son utilité et son efficacité, le ministère de la Justice français a fait le choix de s'appuyer plus largement sur ce relais précieux dans différents pays identifiés comme stratégiques.

Entre 1993 et 2017, le nombre de magistrats de liaison[5] n'a cessé d'augmenter pour aboutir à la constitution d'un réseau présent sur quatre continents. L'objectif du réseau des magistrats de liaison est de répondre au mieux aux besoins du ministère de la Justice, en accord avec le ministère des Affaires étrangères et du développement international. Les créations initiales de postes, notamment au sein de l'Union européenne, ont privilégié les impératifs de fluidification de l'entraide judiciaire pour faire face à des défis prioritaires : il s'agissait de donner une dimension supplémentaire au réseau judiciaire européen, dont les magistrats de liaison au sein de l'Union européenne sont des points de contact de droit. Ainsi, le premier magistrat de liaison en Italie devait favoriser la coopération dans le cadre de la lutte antimafia, celui de Madrid, contribuer à la lutte contre le terrorisme basque et celui en poste aux Pays-Bas, concentrer son action sur la lutte contre les trafics de stupéfiants.

Initialement instrument d'une relation bilatérale, sept d'entre eux ont à ce jour une compétence régionale : Brésil (Suriname-Guyana), Chine (Japon pour l'entraide civile en

---

[5] Dix postes de magistrat de liaison (MDL) ont ainsi été créés entre 1993 et 2003 (Italie, Pays-Bas, États-Unis, Espagne, Allemagne, Royaume-Uni, République tchèque, Canada, Maroc et Russie), dix entre 2003 et 2013 (Chine, Serbie, Pologne, Algérie, Qatar, Turquie, Brésil, Roumanie, Sénégal et Tunisie), un dernier poste de MDL (Belgique) ayant été créé en 2016.

matière de déplacements illicites de mineurs), Italie (Malte), Roumanie (Moldavie), Sénégal (Mali, Mauritanie, Niger, Nigéria, Cap-Vert, République de Guinée), Serbie (Albanie, Bulgarie, Chypre, Bosnie-Herzégovine, Kosovo, Monténégro, Macédoine et possible extension en Grèce), un deuxième poste en Afrique de l'Ouest (Côte d'Ivoire, Bénin, Cameroun, Ghana, Nigéria et Togo) devant être pourvu au mois de septembre 2017.

L'importance des flux en matière d'entraide judiciaire, la nécessité de développer la coopération technique, de dynamiser les saisies et confiscations des avoirs des criminels et, plus récemment, l'existence de menaces particulières telles que la criminalité organisée et le terrorisme, ont ainsi présidé à la création des différents postes. Dans le contexte actuel de renforcement du dispositif de coopération entre la France et la Belgique en matière de lutte contre le terrorisme, un poste a été créé à Bruxelles en 2016. De même, la création du deuxième poste en Afrique de l'Ouest, sis à Abidjan, a pour objet de fluidifier la coopération en Afrique subsaharienne et de faire face de manière plus efficace à la menace terroriste grandissante. À l'inverse, certains des postes ne répondant plus à ces critères ont été fermés[6].

III. Les attributions du magistrat de liaison dans le domaine de l'entraide pénale

Les flux d'entraide internationale augmentent de manière significative[7]. Actuellement, 60 % des procédures pénales comportent un élément d'extranéité, cette statistique

---

[6] Il s'agit des postes de magistrat de liaison en République tchèque et en Pologne, respectivement fermés en septembre 2006 et en septembre 2010.

[7] Le nombre d'extraditions en 2015 était de 234, et de 278 en 2016 ; le nombre de demandes d'entraide hors Union européenne, de 1960 en 2015, est passé à 2113 en 2016 ; le nombre de dénonciations officielles, de 260 en 2015, est passé à 281 en 2016.

montant à 70 % en matière de terrorisme et de criminalité organisée. Ces nouvelles formes de la délinquance transfrontalière sont désormais des domaines prioritaires mobilisant majoritairement les magistrats de liaison.

S'il intervient dans le cadre des dispositions du livre IV, titre X du code de procédure pénale, le magistrat de liaison ne dispose d'aucun pouvoir juridictionnel, en France ou dans l'État d'accueil, sauf à porter atteinte à la souveraineté de ce dernier. Il ne peut rédiger ou exécuter aucune demande d'entraide.

À l'instar d'Eurojust ou des points de contact du réseau judiciaire européen, il est un facilitateur de l'entraide, se distinguant nettement des acteurs de la coopération judiciaire internationale qui sont en France, l'autorité judiciaire compétente mandante, l'autorité centrale - bureau de l'entraide pénale internationale de la direction des affaires criminelles et des grâces (BEPI) ou son homologue à la direction des affaires civiles et du Sceau (BDIP) - ou encore le ministère des Affaires étrangères lorsque la voie diplomatique est requise.

Sa mission, judiciaire, se distingue de celle dévolue à l'attaché de sécurité intérieure[8] qui œuvre dans le domaine de la coopération policière, sur des thèmes liés à la sécurité, à l'immigration, à la recherche de fugitifs ou aux enquêtes menées en France par la police ou la gendarmerie. Elle se détache aussi des missions assignées à l'attaché douanier, lorsqu'il en existe un, qui peut aussi intervenir en matière judiciaire dans les domaines propres à l'action des Douanes (stupéfiants, contrefaçons, blanchiment d'argent, par exemple).

---

[8] Il existe actuellement 74 services de sécurité intérieure, composés de 295 gendarmes et policiers répartis dans les représentations diplomatiques françaises couvrant 158 pays. Ainsi au Brésil, l'attaché de sécurité intérieure, commissaire divisionnaire, est assisté de 5 autres agents, deux à l'antenne de Brasilia et 3 à l'antenne de São Paulo.

Dans ce cadre, il a pour mission principale de favoriser l'exécution des demandes d'entraide pénale internationales françaises des procureurs de la République et des commissions rogatoires internationales des juridictions d'instruction ou de toute autre juridiction compétente. Bénéficiant d'une connaissance indéniable des institutions judiciaires du pays d'accueil, des règles de droit et de procédure ainsi que de contacts privilégiés avec les procureurs et les juges locaux, le magistrat de liaison est en capacité de conseiller les praticiens de l'entraide en amont de la rédaction de la demande d'entraide, d'en assurer le suivi et la bonne exécution, notamment en prêtant son assistance aux enquêteurs ou magistrats qui se déplaceraient dans sa zone de compétence.

A. En amont, la rédaction des demandes d'entraide aux fins d'enquête et des demandes de remise de personnes

Le principal atout de la présence d'un magistrat de liaison dans un État étranger est d'éviter aux praticiens de l'entraide l'envoi inutile d'une demande dont la rédaction est chronophage et parfois complexe, dans l'ignorance totale de la possibilité juridique et matérielle de l'exécuter dans le pays requis. Si, au sein de l'Union européenne, la Convention du 29 mai 2000[9] a facilité l'entraide judiciaire en matière pénale entre les États membres de l'Union en érigeant en principe la transmission directe entre autorités judicaires des demandes, la contribution du magistrat de liaison dans ces échanges directs demeure précieuse. Elle l'est tout autant dans les pays hors Union européenne ou de *common law* dans lesquels les règles de preuve diffèrent fondamentalement.

Les délais inhérents au traitement d'une demande d'entraide, induits par le respect de règles spécifiques

---

[9] Convention relative à l'entraide judiciaire en matière pénale entre les États membres de l'Union européenne.

(traduction, transmissions par le canal conventionnel, le cas échéant, filtres mis en place par les lois de procédure du pays requis), peuvent être longs et incompatibles avec les exigences portées par notre droit d'une procédure équitable dans un délai raisonnable. Le respect de ces canaux et règles de transmission peut aussi être un frein à la conservation des preuves, au gel des données ou à la saisie des avoirs des criminels, volatiles par essence.

En effet, l'existence d'une convention d'entraide pénale, multilatérale ou bilatérale, ne garantit pas l'exécution des actes d'enquête sollicités et cela peut être encore plus complexe lorsque le pays requis n'est lié par aucune convention avec la France[10].

Le magistrat de liaison veille également en amont à la bonne qualité et compréhension de la traduction des demandes d'entraide, notamment parce que les différences parfois considérables des concepts juridiques ne peuvent pas être traduites par le choix d'un vocabulaire équivalent. Un exemple courant est lié à l'incompréhension que suscite parfois le rôle du juge d'instruction français, institution qui n'existe pas dans nombre de pays, où la plupart du temps, les enquêtes sont confiées à la police sous le contrôle plus ou moins formalisé des procureurs. Pour obtenir l'exécution des actes sollicités, il peut être nécessaire, faute de traduction possible, que le magistrat de liaison explique aux autorités requises quel est le statut et quels sont les pouvoirs du juge d'instruction français, afin d'éviter tout malentendu et tout refus subséquent d'exécution. Une autre source d'incompréhension peut résulter de la traduction des expressions telles que « garde à vue » ou « mise en examen », concepts pouvant être appréhendés de façon très différente selon les systèmes juridiques.

---

[10] C'est le cas pour le Guyana et le Suriname avec lesquels l'entraide est régie par le principe de réciprocité

L'utilisation d'un mot inadapté, traduit de façon approximative ou littérale, est de nature à susciter une mauvaise interprétation des autorités requises sur le sens des investigations demandées, ainsi vouées à l'échec. Cette mission didactique du magistrat de liaison est d'autant plus importante lorsque les actes sollicités visent à mettre en cause des ressortissants de l'État requis.

B. En aval, le suivi de l'exécution de la demande d'entraide

Le suivi de la transmission de la demande d'entraide selon le canal prévu par la convention, ou la voie diplomatique en l'absence de convention, fait l'objet des premières attentions du magistrat de liaison.

La célérité et l'efficacité requises, *a fortiori* pour des investigations en urgence en cas de terrorisme ou de risque de dépérissement des preuves, justifient l'envoi au magistrat de liaison d'une copie avancée de la demande d'entraide, par le magistrat mandant ou l'autorité centrale (BEPI). Cette pratique recommandée favorise la remise diligente de la demande à l'autorité centrale ou judiciaire requise, ainsi sensibilisée à l'importance de l'exécution sollicitée. Cette transmission informelle n'exonère pas l'autorité judiciaire mandante du respect du canal prévu par la convention, sauf à fragiliser la procédure.

Selon la nature de l'affaire et des investigations demandées (équipe commune d'enquête, saisie des avoirs...), il peut se déplacer pour accompagner l'exécution des actes par les autorités locales, le cas échéant en présence des enquêteurs ou des magistrats français après accord de l'autorité centrale étrangère[11], permettant de s'assurer que

[11] En 2015, 161 magistrats se sont déplacés à l'étranger dans le cadre d'une commission rogatoire internationale, ce qui implique le plus souvent un appui du magistrat de liaison dans les pays couverts ; ce chiffre était de 221 en 2016.

celles-ci effectueront bien tous les actes conformément aux attentes et règles procédurales de la justice française. En tant que de besoin, il procède à toutes démarches utiles visant à attirer l'attention de l'autorité judiciaire requise sur le degré d'urgence, idéalement précisé dans la demande d'entraide initiale, en veillant à ne jamais porter atteinte à l'indépendance de la juridiction requise et à la souveraineté de l'État d'accueil.

À l'issue des investigations, il veille au retour des pièces d'exécution selon le même canal conventionnel, nonobstant la transmission possible en copie avancée des actes ou la remise d'une copie officieuse au magistrat ou aux enquêteurs français. S'il peut s'appuyer sur le réseau diplomatique, notamment en ayant recours aux notes verbales permettant aux diplomates de correspondre officiellement avec les autorités étrangères, le secret de l'enquête et de l'instruction est opposable à l'ambassadeur.

Le rôle de facilitateur du magistrat de liaison est tout aussi prégnant en matière d'extradition ou de mandat d'arrêt européen au sein de l'Union européenne, de remise des citations à comparaître à l'étranger ou d'aide à la mise en œuvre d'auditions en visio-conférence.

Les sollicitations du magistrat de liaison sont également fréquentes dans la phase d'exécution ou d'application des peines : signification des jugements en matière pénale, relations avec les juges d'application des peines ou encore l'administration pénitentiaire et le BEPI pour l'instruction des demandes de transfèrement de détenus français condamnés définitivement à l'étranger et désireux d'exécuter la fin de leur peine en France.

IV. L'avenir du réseau des magistrats de liaison

Le magistrat de liaison est un relais constant à l'étranger des juridictions et de l'administration centrale. Les faits de terrorisme transfrontaliers, commis à l'étranger et en France, mettant en cause des auteurs ou des victimes de nationalité française, ne peuvent notamment pas souffrir de temps d'attente dans leur traitement et imposent une réactivité immédiate.

Or, les missions confiées aux magistrats de liaison situées à la croisée des mondes juridique, diplomatique et politique, se sont considérablement diversifiées depuis 1993. Si initialement, la fonction de magistrat de liaison était essentiellement orientée vers l'entraide internationale et le demeure intrinsèquement et majoritairement, son périmètre d'intervention n'a cessé de se développer en matière de coopération technique, de droit comparé[12] ou d'activité consulaire.

La protection des ressortissants français à l'étranger relève certes de la compétence des consuls. Le magistrat de liaison prête cependant son concours pour offrir au réseau diplomatique une analyse juridique et judiciaire des situations auxquelles sont confrontés les ressortissants français en voyage, qui résident à l'étranger, voire y sont condamnés pénalement.

---

[12] Entre 2011 et 2015, le nombre d'études, entraînant la sollicitation des magistrats de liaison, réalisées par le bureau du droit comparé du SAEI est passé de 40 à 64, soit une augmentation de 60 %. Le bureau du droit comparé est saisi de demandes d'études adressées par le cabinet du garde des Sceaux et les directions législatives, mais également par des institutions extérieures au ministère de la Justice (service des études et différentes chambres de la Cour de cassation, Cour des comptes, commission des lois de l'Assemblée nationale, services du Premier ministre, Premier ministre) dans le cadre de projets de réforme en cours.

Cette évolution structurelle multiplie les tâches auxquelles il doit faire face, comme les sollicitations dont il est destinataire dans une ambassade où le besoin d'expertise juridique est avéré.

En France, l'institution fêtera ses 25 ans en juin 2018. Si elle est unanimement reconnue notamment dans le domaine de l'entraide judiciaire pénale, cette institution participe à la poursuite d'objectifs d'intérêt général dont l'importance est croissante : accroître l'efficacité de la justice dans les procédures transfrontalières qui deviennent le quotidien des praticiens de l'entraide, notamment au sein de l'Union européenne avec la généralisation des outils de reconnaissance mutuelle depuis l'instauration du mandat d'arrêt européen au sein d'un même espace de sécurité, de liberté et de justice, et contribuer à la présence judiciaire de la France et de sa tradition juridique à l'étranger.

La pérennité du réseau est cependant subordonnée à la préservation de son essence même, à savoir prioritairement la facilitation de l'entraide judiciaire entre la France et le ou les pays d'accueil. Ainsi, le magistrat de liaison ne peut être sollicité que par le ministère de la Justice, les juridictions ou son ambassadeur et travaille avant tout pour l'institution judiciaire.

Les défis communs à relever sont en effet majeurs, tout particulièrement dans le cadre de la lutte contre le terrorisme, et le rôle d'interface du magistrat de liaison, oscillant entre dynamisation impérative de la coopération judiciaire et prise en compte des relations politico-diplomatiques, demeure plus que jamais fondamental pour l'institution judiciaire.

L'exécution des décisions pénales étrangères au Brésil

Silvio Antonio MARQUES[1]

La coopération juridique ou judiciaire internationale pénale et civile n'a jamais fonctionné de façon satisfaisante. Malgré les nombreux traités bilatéraux et conventions multilatérales d'entraide judiciaire et d'extradition signés à partir de la fin du XXème siècle, des problèmes persistent dans les relations entre les pays requérant et requis[2]. Certains États n'ont pas d'organisation interne stable et d'autres soumettent les demandes d'assistance à des procédures internes lentes, ou simplement se refusent à coopérer avec leurs homologues. Quelques pays font dépendre leur coopération de critères politiques et d'autres sont dominés par la corruption, la guerre ou sont totalement dépourvus d'un appareil judiciaire fiable. Dans certaines situations, comme l'affirment Massé, Aubert et Desessard[3], les juges et les procureurs du

---

[1] Procureur du Ministère Public à São Paulo, maître et docteur en droit de la Université Catholique Pontificale de São Paulo (Brésil), docteur en droit de l'Université Paris 1 Panthéon-Sorbonne (France) et membre de la « Corruption Hunter's Network » (Norvège).

[2] Bernard Bertossa, « Coopération judiciaire internationale et blanchiment », *in La lutte internationale contre le blanchiment et le financement du terrorisme*, coord. par Gérard Brayer, Paris, Société de législation comparée, 2007, p. 62.

[3] Michel Massé, Bernadette Aubert et Laurent Desessard, *L'organisation des dispositifs spécialisés de lutte contre la criminalité économique et financière en Europe* - Droit international, en collaboration avec Stefano Mogini, Elisabeth Pelsez et Jean-Pierre Zanoto, Poitiers, Faculté de droit de Poitiers, 2002, p. 15.

Ministère Public qui envoient une demande d'assistance internationale ont le sentiment de jeter une bouteille à la mer : ils espèrent qu'elle ne coulera pas et que quelqu'un lira le message.

En raison de la distribution horizontale des compétences des États qui forment la communauté mondiale[4], la coopération juridique internationale est marquée par deux caractéristiques, qui sont le *particularisme* et la *décentralisation.* Le particularisme découle du pouvoir de chaque pays de définir les règles qui sont applicables dans ses frontières[5]. Chaque État apprécie unilatéralement les exigences de sa loi[6] et formule ses propres normes constitutionnelles ou infraconstitutionnelles de façon discrétionnaire, selon sa convenance. De son côté, la décentralisation résulte de l'absence d'un tiers supérieur et impartial avec le pouvoir de dicter les procédures, les décisions et les normes d'obéissance obligatoires pour les membres de la société mondiale, qui sont tous juridiquement égaux. En dépit de l'autorité universelle de quelques organisations internationales, chaque État est encore juge chez soi. Le pays requérant ne peut pas obliger l'exécution de la demande par le pays requis.

Compte tenu de la décentralisation, aujourd'hui les normes de droit positif qui régissent la coopération juridique internationale varient dans la plupart des pays et peuvent

---

[4] Michele Caianiello, « Models of judicial cooperation with *ad hoc* Tribunal and with the permanent International Court in Europe, in Transnational inquiries in criminal matters and respect for fair trial guarantees », *in Protection inquiries and the protection of fundamental in criminal proceedings – A study in memory of Vittorio Grevi and Giovanni Tranchina*, Berlin et Heidelberg, Springer-Verlag, 2013, p. 111. - André Klip, *European Criminal Law – An integrative approach*, Cambridge-Antwerp-Portland, Intersentia, 2012, 2ème éd., p. 20.

[5] Yvon Loussouarn, Pierre Bourel et Pascal de Vareilles-Sommières, *Droit international privé*, Paris, Dalloz, 2013, 10ème éd., p. 851.

[6] Henri Donnedieu de Vabres, *Les principes modernes du droit pénal international*, Paris, Éditions Panthéon-Assas, 2004, p. 357.

être divisées en trois catégories, qui sont celles de *première*, de *deuxième* et de *troisième génération*. Les règles de première génération ont été créées notamment pendant le XXème siècle et permettent l'assistance interétatique *indirecte* par les voies diplomatique et consulaire, qui généralement sont assez lentes. Les règles de deuxième génération, prévues dans la plupart des pactes bilatéraux et multilatéraux signés à partir de la fin du XXème siècle, accordent l'aide juridique internationale civile et pénale *semi-directe* à travers les autorités centrales[7], sans la participation des autorités diplomatiques ou consulaires. Les règles de troisième génération admettent la coopération juridique internationale civile et pénale *directe* et sont uniquement en vigueur au sein de l'Union européenne par l'entremise de nombreux textes, comme des conventions, traités, décisions-cadre et directives conclus notamment à partir des années 2000[8], qui ont, sur le plan des juridictions nationales, un niveau d'articulation plus avancé que ceux du Conseil de l'Europe. Ainsi, les demandes internationales peuvent être exécutées plus ou moins rapidement

---

[7] Au Brésil, il y a trois autorités centrales: a) le ministère de la Justice pour la plupart de procédures civiles et pénales; b) le Ministère Public fédéral pour les cas concernant la Convention de New York sur le recouvrement des pensions alimentaires à l'étranger de 1956, le Traité d'assistance mutuelle en matière pénale signé entre le Brésil et le Portugal de 1991, le Traité d'assistance mutuelle en matière pénale signé entre le Brésil et le Canada de 2004 et la Convention sur l'assistance en matière pénale entre les États membres de la Communauté des pays de langue portugaise (Angola, Cap-Vert, Guinée-Bissau, Guinée équatoriale, Mozambique, São Tomé-et-Principe et Timor oriental), signée en 2005, en ce qui concerne les demandes adressées au Ministère Public brésilien; c) le Secrétariat spécial de droits de l'Homme de la présidence de la République pour les cas relatifs à la Convention de la Haye sur les aspects civils de l'enlèvement international d'enfants de 1980, à la Convention de la Haye sur la protection des enfants et la coopération en matière d'adoption internationale de 1993 et à la Convention interaméricaine sur le trafic international des mineurs de 1994.

[8] Loïc Cadiet, Jacques Normand et Soraya Amrani-Mekki, *Théorie générale du procès*, Paris, PUF, 2ème éd., 2013, pp. 246 et 252.

selon le degré de compatibilité ou de coordination entre les normes du pays requérant et celles du pays requis.

Selon Louis d'Avout[9], c'est encore un rêve récurrent de la doctrine internationaliste que de dépasser toutes ces difficultés nées de la coexistence des souverainetés étatiques par la reconnaissance d'un procédé centralisé de coordination. Au lieu d'opérer dans l'ordre interétatique, qui est un ordre horizontal et spatial, la coordination pourrait se réaliser par la voie supra-étatique, selon un mode vertical. Mais actuellement, en raison d'une défense jalouse voire égoïste de la souveraineté étatique, l'extradition n'est pas toujours autorisée ou est considérée comme une faveur du pays requis au pays requérant. La reconnaissance et l'exécution de sentences criminelles étrangères qui imposent des peines privatives de liberté sont généralement refusées.

Au Brésil, comme dans la plupart des pays, les principaux obstacles à la résolution rapide et efficace des demandes d'exécution de jugements étrangers sont l'absence de règles de coopération juridique directe, l'existence de normes de protection des nationaux et l'efficacité limitée des décisions qui imposent des peines privatives de liberté. Mais une récente modification du système brésilien d'exécution des jugements pénaux étrangers qui imposent définitivement des peines privatives de liberté peut réduire les effets de la dernière difficulté. Il s'agit d'un nouveau type de demande d'entraide qui autorise l'exécution de décisions criminelles étrangères, lorsque l'extradition[10] est impossible à cause de la

---

[9] Louis d'Avout, « Droits fondamentaux et coordination des ordres juridiques en droit privé », *in Les droits fondamentaux : charnière entre ordres et systèmes juridiques*, sous la direction d'Edouard Dubout et Sébastien Touzé et avant-propos de Mireille Delmas-Marty, Paris, Éditions Pedone, 2010, p. 177.

[10] Le premier texte relatif à l'extradition a été le Traité de Kadesh, conclu en 1280 ou 1268 av. J.-C. entre Ramsès II, pharaon d'Égypte de la XIXème dynastie, et Hattussilli III, roi des Hittites. Ce pacte bilatéral, dont les vestiges ont été conservés au Musée d'Archéologie d'Istanbul

règle constitutionnelle brésilienne de protection de nationaux.

I. L'absence de règles de coopération juridique directe

Les règles de coopération juridique pénale d'origine endogène ou exogène en vigueur au Brésil prévoient les voies *indirecte* et *semi-directe* de transmission des demandes. Les normes d'assistance indirecte sont dispersées dans la Constitution fédérale et dans les différentes lois, comme le Code de procédure pénale (loi n° 3.689/1941) et la loi d'introduction aux normes du droit brésilien (loi n° 4.657/1942). Les règles de coopération semi-directe se trouvent dans les traités et conventions internationales plus récents, y compris les instruments signés par le Brésil avec la France, les États-Unis, la Suisse et d'autres pays. Quand il coopère avec ses partenaires du Mercosur (Marché Commun du Sud) ou de l'OEA (Organisation des États Américains), le Brésil se sert de sa législation interne et de quelques règles des deux blocs, créées pour faciliter la procédure et l'accès à la justice.

En réalité, il n'y a pas de différences importantes entre la coopération juridique appliquée par le Brésil et ses partenaires du Mercosur ou de l'OEA et celle qu'il développe

---

(Turquie) et reproduits sur les murs du temple d'Ammon au site de Karnak (Egypte), a mis fin à la guerre territoriale et a disposé sur la paix éternelle entre les deux peuples, au-delà d'établir l'alliance contre des catastrophes et des ennemis communs, le commerce, la migration des personnes et la remise de personnes. Pour l'extradition de simples criminels ou réfugiés, le texte était le suivant: « *Si un ou deux hommes sans importance s'enfuient et se réfugient dans le pays de Khatti pour y servir un autre maître, il ne faut pas qu'ils puissent rester dans le pays de Khatti ; il faut les ramener à Ramsès aimé d'Amon le grand roi d'Égypte* » (Étienne de Vazelhes, *Étude sur l'extradition - suivie du texte des traités franco-belge de 1874 et franco-anglais de 1843 et 1876*, Paris, F. Pichon Libraire-éditeur, 1877, pp. 15-16. - Alexandre de Stieglitz, *Étude sur l'extradition*, Paris, A. Durand et Pedone-Lauriel, 1883, p. 2).

avec les autres États par des traités bilatéraux. À cause du système atavique en vigueur, les juges et procureurs brésiliens ne sont pas autorisés à envoyer directement des demandes internationales pénales à leurs homologues, même aux pays voisins. D'une part, la demande « sortante » (ou « active ») la plus simple doit passer par les autorités ministérielles et diplomatiques, quand aucun traité ou convention n'est applicable, ou seulement par les autorités ministérielles, dans les situations inverses. D'autre part, la demande d'entraide « entrante » (ou « passive ») peut être confiée à un juge fédéral ou à un procureur du Ministère Public fédéral, si elle est classifiée par l'Autorité centrale brésilienne comme *demande d'aide directe.* Si l'autorité centrale classifie la demande comme commission rogatoire, son exécution dépend d'un *exequatur* du Tribunal Supérieur de Justice (STJ), avant d'être envoyée à un juge fédéral.

La *demande d'aide pénale directe* est une forme d'entraide du système brésilien semblable à la requête connue comme *request for mutual legal assistance,* qui peut être reçue ou envoyée à un autre pays par les autorités judiciaires et par les membres du parquet, à travers les autorités centrales, pour les cas prévus dans les traités et conventions. À l'instar de l'ancienne commission rogatoire[11], qui est envoyée ou reçue exclusive-

---

[11] Les sources de la commission rogatoire se trouvent à Rome. Depuis le gouvernement de l'empereur Antonin (86 – 161 ap. J.-C.), les jugements rendus par les magistrats romains étaient valables partout dans le territoire de l'Empire, mais les juges ne pouvaient pas exécuter directement leurs décisions hors du ressort où ils exerçaient leur compétence juridictionnelle. Ainsi, lorsque le défendeur déménageait de son domicile, le juge d'origine adressait au magistrat d'une autre juridiction romaine compétente une *litteræ publicæ,* plus tard appelée *litteræ ac mutui compassus* ou *litteræ requisitoriales,* pour le prier de faire exécuter ses sentences (Jean-Jacques Gaspard Fœlix, *Traité du droit international ou des conflits des lois de différentes nations*, 3ème édition revue et augmentée par Charles Demangeat, Paris, Marescq et Dujardin Libraires-Éditeurs, 1856, tome 1er, p. 438. - Francisque de Lanchenal, « L'inutilité des lettres rogatoires », *in Revue pratique de droit français – jurisprudence, doctrine,*

ment par les autorités judiciaires, la demande d'aide directe « sortante » vise l'assistance d'un État pour l'exécution d'une demande dans une enquête ou procédure brésilienne, comme la levée du secret bancaire, l'interrogatoire d'un prévenu, l'audition de témoins, l'obtention de documents et d'autres mesures et actes procéduraux. Toutefois, l'autorité judiciaire ou le parquet qui envoie cette demande cherche une décision entièrement nationale du pays requis, conformément à la *lex loci*. La demande d'aide directe « entrante » rend quant à elle possible la reconnaissance pleine de la procédure étrangère par l'autorité judiciaire fédérale brésilienne[12]. Dans la commission rogatoire, la décision qui doit être exécutée est celle du juge ou d'une autre autorité équivalente du pays requérant.

L'extradition peut être demandée par la voie diplomatique ou par l'intermédiaire de l'autorité centrale. La demande extraditionnelle « sortante » est envoyée par l'autorité judiciaire au ministère de la Justice brésilien, qui examine la régularité de la documentation. Malgré l'absence de règle explicite, si la demande ne remplit pas les exigences du traité ou de la loi, le ministère de la Justice peut solliciter de l'autorité judiciaire requérante un complément. Si la demande est régulière, elle est envoyée directement par le ministère de la Justice à l'autorité centrale de l'autre État, lorsqu'un traité ou convention l'autorise, ou au ministère des

---

législation, coord. par Charles Demangeat, Charles Ballot, Émile Ollivier, Frédéric Mourlon, Félix Nicolas Merville, Daniel de Folleville et Hippolyte Ferréol Rivière, Paris, A. Marescq Ainé, 1859, tome 7ème, p. 386. - Louis-Auguste Eyssautier, « Lettres rogatoires en France et dans les États Sardes », *in Revue historique de droit français et étranger*, publiée sous la direction d'Éd. Laboulaye, E. de Rozière, R. Dareste et C. Ginoulhiac, Paris, August Durand Libraire, 1860, pp. 23-27).

12 José Antonio Dias Toffoli et Virgínia Charpinel Junger Cestari, « Mecanismos de cooperação jurídica internacional no Brasil », *in Manual de cooperação jurídica internacional e recuperação de ativos - matéria civil*, Brasília, Artecor Gráfica e Editora, 2008, 1ère éd., p. 26.

Affaires étrangères brésilien, dans la situation inverse (article 81 de la loi 13.445/2017).

La demande extraditionnelle « entrante » est envoyée par l'autorité du pays requérant au ministère des Affaires étrangères ou au ministère de la Justice brésilien, lorsque le cas est prévu dans un traité ou convention. Après avoir reçu la requête, les autorités ministérielles examinent la réunion des conditions de la convention ou du traité spécifique, notamment si le crime a été commis dans le territoire du pays requérant et si la personne recherchée est impliquée dans une enquête ou dans procédure criminelle ou encore si elle a été condamnée à une peine privative de liberté (articles 83 et 89 de la loi 13.445/2017). Quand il n'existe pas un texte international applicable, les autorités brésiliennes peuvent exiger une promesse de réciprocité des autorités requérantes. Si les conditions sont réunies, la demande extraditionnelle est transmise par le ministère de la Justice au Tribunal Fédéral Suprême (STF) pour que soient vérifiées les exigences constitutionnelles (article 102, I, g, Constitution fédérale).

Dans le cas où l'arrestation provisoire de la personne recherchée est déterminée par le STF, le délai de présentation de la demande extraditionnelle principale est de 60 jours. D'après la nouvelle loi 13.445/2017, le juge rapporteur du STF ou un magistrat désigné par lui interrogera la personne recherchée et, le cas échéant, nommera un curateur ou désignera un avocat. La défense doit être présentée dans le délai de 10 jours et se limiter à l'identité de la personne recherchée, à la forme défectueuse des documents présentés ou à l'illégalité de la demande d'extradition. Après la manifestation du Ministère Public fédéral brésilien, le STF peut refuser ou admettre la demande extraditionnelle. Selon la loi 13.445/2017, le délai pour la réception de la personne requise après l'autorisation du STF est de 60 jours, à compter de la connaissance officielle de la décision (articles 92 et 93).

L'extradition avec consentement peut être autorisée par le STF si la personne demandée est assistée par un avocat et à condition qu'elle soit avertie qu'elle a le droit à une procédure judiciaire et à une protection juridique correspondante (article 87). Avant la nouvelle loi, dans une demande originaire du Portugal, le STF a accordé le 9 mai 2017 l'extradition d'un citoyen portugais qui avait donné son accord à la demande et qui était défendu par un avocat. Dans ce cas, la Cour suprême a appliqué l'article XIII du Traité d'extradition signé entre le Brésil et le Portugal le 7 mai 1991 et l'article 19 de la Convention d'extradition entre les membres de la Communauté des Pays de Langue Portugaise, signée le 23 novembre 2005, autorisant la simplification de la procédure extraditionnelle, lorsqu'il y a consentement de la personne demandée. D'autres textes, comme la Convention franco-brésilienne d'extradition de 1996, ne contiennent pas de règles similaires, mais rien n'empêche l'application de la nouvelle loi.

Le Brésil et les autres pays hors de l'Union européenne n'ont pas un instrument équivalent au mandat d'arrêt européen, qui autorise chaque autorité judiciaire nationale d'exécution d'un État membre, moyennant des contrôles minimums, à exécuter la demande de remise d'une personne formulée par l'autorité judiciaire d'émission d'un autre État membre. Ainsi, la demande extraditionnelle au Brésil est toujours le principal instrument de coopération juridique bilatérale pour livrer un individu recherché pour qu'il puisse être jugé ou pour que soit exécutée une décision provisoire d'arrestation ou une peine criminelle imposée sur lui par un juge ou tribunal compétent dans le territoire du pays requérant.

Quelques mesures administratives, comme le *rapatriement*, la *déportation* et *l'expulsion*, prévues dans les articles 46 et 62 de loi 13.445/2017, conduisent au même résultat qu'une demande d'extradition, mais de manière rapide. Le *rapatriement* est une mesure de retour d'une personne en situation de séjour irrégulier au Brésil et, en général, il se produit immédiatement dans le secteur d'immigration d'un port, aéroport ou frontière lorsqu'un étranger, sans visa, n'est pas autorisé à entrer dans le territoire brésilien. La *déportation* est une mesure qui découle de la procédure administrative qui vise le retrait obligatoire d'une personne se trouvant en situation migratoire irrégulière au Brésil. L'*expulsion* est une mesure administrative discrétionnaire de retrait obligatoire du territoire brésilien d'un migrant ou visiteur, avec une interdiction d'entrée pour une durée déterminée, lorsque la personne a été condamnée définitivement pour crime de génocide, crime contre l'humanité, crime de guerre et crime d'agression ou encore crime intentionnel punissable d'une peine privative de liberté[13].

II. Les normes de protection des nationaux brésiliens

La Constitution brésilienne de 1988 préconise l'égalité de droits entre les nationaux et les étrangers. Cette équivalence, néanmoins, n'est pas totale parce que l'extradition n'est accordée que pour les étrangers. En vérité, toute demande d'extradition relative à un citoyen brésilien est systématiquement refusée par le STF. Le Brésil applique le *principe de la personnalité*, qui interdit l'extradition de citoyens nés sur son territoire. De son côté, l'étranger qui a obtenu la naturalisation peut être extradé pour des crimes de droit commun commis avant la naturalisation ou, en tout temps, dans le cas d'implication prouvée dans un crime de trafic de stupéfiants (article 5, alinéa LI).

La règle qui empêche l'exécution de la demande extraditionnelle des nationaux a été insérée dans le chapitre relatif

---

[13] *Manual de extradição*, Brasília, Secretaria Nacional de Justiça, 2012, pp. 19-20.

aux droits et garanties individuelles, de caractère intangible[14]. Aucune révision n'est possible parce que l'article 60 §4°, IV du texte constitutionnel, interdit la proposition d'amendements qui tendent à « *abolir les droits et garanties individuelles* », prévus dans l'article 5[15]. Il s'agit d'une limitation matérielle explicite à la réforme constitutionnelle, connue comme *clause pétrifiée* ou *entrenchment clause*. Le texte interdit aussi la délibération des deux chambres du Congrès national brésilien sur ce sujet[16]. La STF, la plus haute Cour nationale, a été saisie à plusieurs reprises de la question de la violation de cette disposition. Dans le recours extraordinaire 633703, jugé le 23 mars 2011, par exemple, les juges ont considéré qu'il s'agit là d'une base constitutionnelle irréformable.

Mais dans une demande d'emprisonnement aux fins d'extradition reçue des autorités nord-américaines[17], le STF a décidé le 28 mars 2017 que la personne qui renonce à la nationalité brésilienne peut être extradée. En l'espèce, Cláudia Cristina Hoerig, née au Brésil, a été accusée d'avoir tué son ex-mari aux États-Unis le 12 mars 2007. Selon les autorités nord-américaines, avec son passeport brésilien, elle s'est enfuie au Brésil le jour même des faits pour échapper à l'application de la loi de l'État d'Ohio, où l'assassinat est un crime passible de la peine de mort. Par décision du ministère de la Justice du 3 juillet 2013, l'accusée a perdu la nationalité brésilienne lorsqu'elle a acquis volontairement, en 1999, la nationalité nord-américaine. L'accusée a été effectivement

---

[14] José Afonso da Silva, *Direito constitucional positivo*, São Paulo, Ed. Malheiros, 2010, 33ème éd., pp. 67 et 341.

[15] L'article 60 §4° de la Constitution fédérale brésilienne détermine que : *« §4° - Ne sera pas objet de délibération la proposition d'amendement visant à abolir: I - la forme fédérative d'État; II - le vote direct, secret, universel et périodique; III - la séparation des pouvoirs; IV - droits et garanties individuelles »*.

[16] Manoel Gonçalves Ferreira Filho, *Curso de direito constitucional*, São Paulo, Ed. Saraiva, 1989, 17ème éd., p. 26. - Michel Temer, *Elementos de direito constitucional*, São Paulo, Ed. Malheiros, 1997, 13ème éd., p. 36.

[17] TSF, demande de détention aux fins d'extradition (PPE) 694, *habeas corpus* (HC) 119.221 et réclamation (Rcl) 26329.

rendue aux autorités américaines le 18 janvier 2018 et pourra être condamnée à une peine privative de liberté maximale de 30 ans, conformément la législation brésilienne. La possibilité de l'application de la peine capitale a été exclue en raison de la Constitution fédérale brésilienne (article 5, XLVII).

En France, en vertu de l'article 696-2 du Code de procédure pénale, peut être extradée « *toute personne n'ayant pas la nationalité française* ». Toutefois la décision-cadre nº 2002/584/JAI du Conseil de l'Union européenne du 13 juin 2002, relative au mandat d'arrêt européen (MAE), a modifié substantiellement ce régime avec la réduction des motifs de refus d'exécution, le transfert de la prise de décision des autorités politiques aux autorités judiciaires, la possibilité de livrer les ressortissants de l'État de l'exécution et des délais clairs pour l'exécution de chaque MAE[18]. La règle de remise de personnes à travers la procédure du MAE a produit la simplification et l'accélération des procédures.

Un système similaire a été approuvé par un Accord entre les pays membres et associés du Marché Commun du Sud sur le mandat Mercosur de capture (MMC), selon la décision 48/2010 du Conseil du Marché Commun du Sud. Toutefois, ce système n'est pas entré en vigueur dans les pays du bloc et, ainsi, il n'y a aucune expérience entre les autorités ou décisions des tribunaux nationaux relatives à son exécution effective contre un citoyen du Brésil, d'Argentine, d'Uruguay ou du Paraguay. De cette façon, même dans les cas où la sentence ou l'arrêt étranger est définitif, les citoyens des pays du Mercosur ne sont pas remis à l'État requérant.

---

18 Coopération judiciaire en matière pénale, Bulletin du Parlement Européen, le 4 décembre 2006, p. 5 (www.europarl.eu).

III. L'efficacité limitée des jugements étrangers qui imposent des peines privatives de liberté

Les décisions pénales rendues par les juges et tribunaux d'une juridiction généralement ne produisent pas tous leurs effets dans le territoire d'un autre pays. Pour certains pays, la justice pénale est considérée comme la dernière frontière de la souveraineté étatique. En effet, même au sein de l'Union européenne, les décisions pénales d'un autre État membre n'ont pas la même autorité ou la même dimension que les décisions nationales. Au Brésil, la situation n'est pas différente : les traités bilatéraux et conventions multilatérales signés par le pays, qui sont aujourd'hui anachroniques, n'instituent pas une procédure d'*exequatur* ou d'homologation pour conférer force exécutoire aux décisions pénales des autres pays. Les jugements étrangers qui imposent une amende pénale ou une peine privative de liberté ne sont pas exécutés dans le territoire brésilien, selon le droit conventionnel.

En outre, il n'y a aucun instrument juridique qui permet la détention et la remise immédiate de prévenus, même pour ceux qui sont accusés de commettre des crimes graves, comme l'homicide, la corruption, le trafic illicite de stupéfiants et de substances psychotropes, le terrorisme et autres. L'extradition est une procédure présentée auprès du STF qui peut durer plusieurs années. La reconnaissance mutuelle des jugements en matière pénale, qui est considérée comme la troisième étape de l'évolution des mécanismes de coopération judiciaire au sein de l'Union européenne, n'est pas envisagée pour l'instant par le Brésil et les autres pays d'Amérique.

Même dans les procédures où le STF applique les traités ou conventions signés par le pays, la demande extraditionnelle peut être refusée ou acceptée selon les variations politiques internes. Ainsi, le Brésil est signataire de la Convention de l'ONU sur le statut des réfugiés de 1961 et applique la loi 9.474/1997, dont l'article 33 dispose que « *la reconnaissance de la condition de réfugié empêche le suivi de toute demande d'extradition fondée sur les faits qui justifient l'octroi de l'asile* ». Ce bénéfice légal a été accordé par le gouvernement brésilien en 2010 au citoyen italien Cesare Battisti, accusé d'avoir tué quatre personnes en Italie entre 1978 et 1979. Battisti, qui était accusé de terrorisme, vivait en France et s'est enfui vers le Brésil en 2004, à cause de la décision française favorable à la demande extraditionnelle de l'Italie.

Au Brésil, le STF a accordé l'extradition en 2009, conformément à la demande italienne, parce qu'il ne s'agissait pas de crimes politiques et il n'y avait aucune violation de l'ordre public ou de la souveraineté brésilienne. Néanmoins, la Cour suprême a décidé par 5 votes contre 4 que l'envoi de l'accusé italien dépendait d'une décision discrétionnaire finale du président de la République[19]. Malgré le Traité italo-brésilien, signé le 17 octobre 1989, l'extradition n'a pas été exécutée, parce que l'ancien président Luis Inácio Lula da Silva a finalement accordé la condition de réfugié à Battisti, en 2010 (réclamation 11.243).

La décision brésilienne a clairement violé le Traité signé entre les deux pays, car l'Italie est un pays démocratique et a garanti tous les droits de la défense pendant la procédure pénale. De plus, l'allégation de « persécution politique » n'avait pas de fondement juridique sérieux. L'octroi du statut de réfugié à Battisti a provoqué la perplexité, parce que cet instrument présuppose la violation des droits fondamentaux

---

[19] La Cour a reconnu que le président de la République, qui est aussi chef de l'État, avait le pouvoir discrétionnaire de décider de la remise effective de la personne lorsqu'il y a des raisons de croire que la demande extraditionnelle a été présentée aux fins de poursuivre ou de punir la personne à cause de ses opinions politiques ou autres motifs.

de la personne, condition propre de l'asile politique[20]. De plus, ladite violation des droits avait été rejetée par la Cour d'appel de Paris, par la Cour de cassation, par le Conseil d'État français et par la Cour européenne de droits de l'Homme de Strasbourg. Toutefois, le 13 décembre 2018, grâce à une demande du gouvernement italien, le Tribunal Supérieur Fédéral a conclu que la décision du président de la République qui autorise l'asile peut être révisée à tout moment (*habeas corpus* 148.408). Le lendemain, probablement en raison de la forte pression de l'opinion publique brésilienne et internationale, le président Michel Temer a finalement admis l'extradition de Battisti.

En dépit des difficultés en ce qui concerne son exécution, la sentence ou décision pénale étrangère est considérée comme un *fait juridique*[21] et ses effets civils sont exécutables au Brésil depuis 1er janvier 1942, date d'entrée en vigueur du Code pénal. L'action civile[22] relative au jugement pénal étranger peut être mise en œuvre par la victime si l'application de la loi brésilienne produit dans ce cas les mêmes conséquences et oblige la personne condamnée à la réparation des dommages et à la restitution de biens, valeurs

---

[20] Carlos Mário da Silva Velloso, « Extradição – caso Cesare Battisti – República Italiana – concessão de refúgio pelo Ministro da Justiça – controle jurisdicional do ato de concessão », *in Cooperação jurídica internacional*, Alexandre Coutinho Pagliarini et Fauzi Hassan Choukr (coord.), Belo Horizonte, Editora Fórum, 2014, pp. 122-123.

[21] Julio Fabbrini Mirabete, *Processo Penal*, São Paulo, Atlas, 2005, 17ème éd., p. 807.

[22] La demande étrangère d'homologation de sentence criminelle doit être présentée par l'intermédiaire d'un avocat au STJ pour qu'elle soit dûment appréciée. Le président du STJ est l'autorité judiciaire compétente pour l'homologation. Si la partie intéressée présente une contestation, la compétence sera transférée à la chambre spéciale de la même Cour (articles 2 et 9 de la Résolution 9/2005 du STJ). Dans l'hypothèse de l'homologation, la sentence pourra être exécutée auprès du juge compétent.

et autres effets[23]. Dans la procédure d'homologation de la sentence pénale étrangère, le Tribunal Supérieur de Justice peut accepter la demande sans examiner le fond, comme une sentence civile étrangère ordinaire. Dans ce cas, l'article 15 de la loi d'introduction aux normes du droit brésilien (nº 4.657/1942), l'article 788 du Code de procédure pénale[24] et l'article 5 de la Résolution 9/2005 du STJ, qui ont presque le même contenu, sont applicables. Si la Cour supérieure accorde l'homologation, l'exécution aura lieu auprès d'un juge fédéral territorialement compétent.

La sentence pénale étrangère peut également être exécutée au Brésil pour l'application de mesures de sécurité, notamment l'hospitalisation complète de l'auteur du crime dont l'irresponsabilité de la personne a été déclarée par un juge ou tribunal étranger (article 787)[25] dans un établissement approprié pour le traitement psychiatrique ou le traitement ambulatoire. Cette demande est possible dans les situations où il y a une convention d'extradition entre le Brésil et le pays d'origine du jugement ou à partir d'une réquisition du

---

[23] Selon l'article 788 du Code de procédure pénale brésilien, la sentence pénale étrangère sera homologuée lorsque l'application du droit brésilien produit les mêmes conséquences dans un cas semblable et remplit les exigences suivantes: I – être revêtue des formalités externes requises, selon les lois du pays d'origine ; II – avoir été rendue par un juge compétent, avec notification régulière, selon la même loi ; III – avoir l'autorité de chose jugée ; IV – être dûment authentifiée par le consul du Brésil ; V – être accompagnée d'une traduction faite par un traducteur assermenté.

[24] L'homologation en vue de l'imposition de mesures de sécurité est une procédure de caractère pénal. Cette demande est possible lorsqu'il existe une convention d'extradition entre le Brésil et le pays d'origine du jugement ou une réquisition du ministre de la Justice brésilien, en l'absence d'un texte bilatéral ou multilatéral (article 9, paragraphe unique, Code pénal). La demande doit être décidée par le STJ, après sollicitation du procureur général de la République (article 790, Code de procédure pénale).

[25] Julio Fabbrini Mirabete, *Processo penal*, São Paulo, Atlas, 2005, 17ème éd., p. 807.

ministre de la Justice brésilien, en l'absence d'un texte bilatéral ou multilatéral (article 9, paragraphe unique, Code pénal). La demande d'homologation est décidée par le STJ, après réquisition du procureur général de la République (article 790 du Code de procédure pénale).

IV. Le nouveau système brésilien d'exécution de jugements pénaux étrangers

Les traités et les conventions d'extradition consacrent généralement l'adage *aut dedere aut judicare*, de telle manière que l'État sur le territoire duquel l'auteur présumé d'un crime est découvert doit l'extrader ou le soumettre à ses autorités compétentes pour l'exercice d'une action pénale[26]. Si une personne ne peut être extradée ou renvoyée vers le pays où l'infraction a été commise en raison de sa nationalité, la solution traditionnellement retenue pour que la loi pénale soit appliquée est la transmission de l'enquête ou de la procédure pénale à l'État où la personne se trouve, avant le jugement définitif. Évidemment, le transfert de l'enquête ou de la procédure comprend aussi le transfert de la compétence pour juger le criminel et celle d'appliquer les peines. L'autre solution est la réalisation d'un nouveau procès dans l'État où le criminel se trouve, mais dans ce cas les difficultés pratiques pourront être immenses, notamment en ce qui concerne la production de preuves.

Pour éviter ces problèmes, l'article 100 de la loi 13.445/2017, qui est entrée en vigueur au Brésil le 24 novembre 2017, dispose que lorsque la demande d'extradition exécutoire est applicable, l'autorité compétente brésilienne peut envoyer ou autoriser le transfert d'exécution de la

---

[26] Tácio Muzzi, « Os mecanismos de cooperaçao jurídica internacional na nova lei de migraçao - Extradiçao, transferência de execuçao da pena (TEP) e transferência de pessoas condenadas (TPC) », *in Cooperação em pauta n. 30,* Brasília, août 2017, p. 7.

peine, à condition que soit respecté le principe *non bis in idem*. La demande d'entraide brésilienne « sortante » est envoyée au pays destinataire par un magistrat fédéral ou magistrat d'un État-membre chargé de l'exécution de la peine, toujours par l'intermédiaire du Département de Récupération d'actifs et coopération internationale du ministère de la Justice (DRCI). La demande étrangère « entrante » est reçue au Brésil par voie diplomatique ou par l'intermédiaire des autorités centrales, lorsqu'il y a un traité ou convention applicable.

En ce qui concerne la demande d'entraide « entrante », le transfert d'exécution de peine criminelle est possible lorsque cinq conditions cumulatives sont réunies : a) que la personne condamnée en territoire étranger soit ressortissante, ait sa résidence habituelle au Brésil ou une relation personnelle avec le Brésil ; b) que la sentence étrangère soit devenue définitive ; c) que la durée de la peine à purger soit d'au moins une année, à compter de la date de la présentation de la demande ; d) que le fait qui a motivé la condamnation constitue une infraction pénale en vertu de la loi des deux parties ; et e) l'existence d'un traité ou d'une promesse de réciprocité. Dans tous les cas, si la demande d'entraide est autorisée par le STJ, l'exécution de la peine prononcée à l'étranger doit être faite par un juge fédéral selon les règles brésiliennes (article 101, loi 13.445/2017).

Évidemment, toutes les demandes d'entraide brésiliennes (« sortantes ») doivent être soumises aux conditions de la loi du pays destinataire et il n'y a aucune garantie que les jugements pénaux définitifs brésiliens soient exécutés par les autorités du pays destinataire. De plus, des difficultés dans le domaine de la compatibilité des régimes d'exécution des peines sont à envisager, car ceux-ci varient selon les pays. En tout état de cause, avec cette nouvelle règle, le Brésil a inauguré une sorte de « confiance unilatérale », parce qu'il assure l'exécution des jugements répressifs étrangers et attend la même attitude de ses homologues même en l'absence de traité ou de convention applicable, à travers la promesse de réciprocité. Il s'agit aussi d'une tentative claire de surmonter l'obstacle créé par la Constitution brésilienne de 1988, qui empêche l'extradition des nationaux et qui provoque aussi l'impossibilité de l'extradition des ressortissants étrangers en raison de la condition de réciprocité.

En réalité, le STJ n'a pour l'heure pas encore reçu de demande d'entraide d'exécution d'un jugement pénal étranger définitif de condamnation d'un Brésilien à une peine privative de liberté, selon les règles de la loi 13.445/2017. Néanmoins, compte tenu des décisions rendues par la Cour depuis 2004, c'est-à-dire depuis l'entrée en vigueur de sa compétence pour la plupart de questions liées à la coopération juridique internationale, il est plausible que les demandes de transfert d'exécution de peines criminelles appliquées à l'étranger soient probablement homologuées. Les éventuels recours seront soumis au STF, qui est la Cour constitutionnelle et le dernier degré du pouvoir judiciaire brésilien.

The Surinamese Criminal Justice System

Clayton A. WALLERLEI[1]

In 1666 Suriname was occupied by the Dutch. From that moment on, with an interruption by the English intermediate government of Suriname between 1799 and1816, until November 25, 1975 Suriname was a Dutch colony[2].

Until 1869 the Surinamese criminal justice system was based on the Old Dutch and Roman law. Before 1869 the criminal legislation consists of incoherent collection of mainly Old Dutch and Roman criminal provisions. The opinion of legal writers was applied as law. Because the old criminal system was not operating on a rule base and accountable fashion it lacks the public trust and support. Arbitrary and oppressive measures undermined the authority and credibility of the system, and the rule of law in general[3]. On May 1, 1869, with the introduction of a criminal code for the colony of Suriname, a new criminal justice system was introduced in Suriname[4]. The new system was characterized by its simplicity and its mistrust in the judiciary. The criminal offences were divided in crimes and infractions and there were three

---

[1] Professeur de droit privé à l'Université Anton de Kom du Suriname.

[2] Suriname, 2018 Country Review p. 2. The Republic of Suriname, Country Overview, project C.U.R.E. Clinics, p. 2.

[3] L. F. Ramdat Misier *Een eeuw Surinaamse rechtelijke organisatie en burgerlijke rechtsvordering, in een eeuw Surinaamse codificatie*, 1969, p. 44-52 ; M.R. Wijnhold, *De betekenis van de 1ste mei 1869 voor het huidig strafrecht, in een eeuw Surinaamse codificatie*, 1969, p. 53-63.

[4] G.B.1868 no. 14.

principal sentences, namely imprisonment, detention and fine. The mistrust in the judiciary was evident in minimum and maximum sentences for serious offences and the lack of discretionary power in sentencing[5].

Since 1916 the criminal code has been reformed. On the first of January, a new criminal code, named the Surinamese criminal code, was introduces[6]. With the new criminal code, the faith in the judiciary was recovered. Its faith in the judiciary was evident from the absence of specific minimum sentences for serious offences and the wide discretionary power in sentencing[7]. Major criminal law reforms took place in juvenile criminal law (1917)[8] the introduction of early release (1926)[9] on corporate criminal liability (2002)[10] and offenses against public moral (2009)[11].

The Surinamese criminal code is a very practicable one it does not contain distinctions and definitions of a dogmatic nature[12]. The modern development of criminal law doctrine is left to the courts in general and the Supreme Court in particular. The criminal code consists of three books[13]. The first book is the general part with provisions on the scope of application of the code. In the second and third book the core crimes and infractions are defined. The criminal code contains a number of specific provisions on juveniles. These primarily concerns the sanctions which can be imposed on juvenile offenders[14]. The Surinamese Criminal code does not define all criminal offenses.

---

[5] M.R. Wijnhold, *op. cit.*, p. 53-54.
[6] G.B. 1911 no.1.
[7] M.R. Wijnhold, *op. cit.*, p. 56.
[8] G.B. 1917 no. 67 and G.B. 1945 no. 108.
[9] G.B. 1926 no. 42.
[10] S.B. 2002 no. 68.
[11] S.B.2009 no. 122.
[12] General provisions of the criminal code.
[13] S.B. 2015 no. 44.
[14] Article 9, 56, 58, 59 and 61 Criminal Code.

Numerous other statutes complete the criminal law legislation. The main statutes are the Economic Offences Act (1986)[15], the Road Traffic Act (1917)[16], the Narcotic Drug Offences Act (1998)[17], and Firearms Act (1930)[18]. The general part of the criminal code is also applicable to other law statutes and criminal by-laws[19].

The Surinamese criminal code and the code of criminal procedures forms the basis for the Surinamese criminal justice system. In this paper I will research what the organization and the operation of the Surinamese criminal law system is. The objective of this research is to gather knowledge about the organization and the working of the Surinamese criminal law system.

I. The Surinamese code of criminal procedures

A. Characteristics of the code of criminal procedures

The Surinamese code of criminal procedures came into force in 1869[20]. In 1977 the code of criminal procedure was revised[21]. The Surinamese criminal procedures code is characterized as being « tempered accusatorial »[22].

In the investigative phase the offender got the right to be assisted by his counsel with whom he can have free oral and

---

15 S.B. 1986 no. 2 modified by S.B. 2002 no. 67.
16 G.B. 1917 no. 65 modified by S.B. 2001 no. 6.
17 S.B. 1998 no. 14 modified by S.B. 2018.
18 G.B. 1930 no. 73 modified by S.B. 2016 no. 115.
19 Article 127 Criminal Code.
20 L.F. Ramdat Misier, *op. cit.*, p. 44.
21 S.B. 1977 no. 94 modified S.B. 2014 no. 119.
22 The offender has more procedural rights to influence the course of justice.

written communication[23]. The offender got the right to remain silence when being interrogated[24]. The offender got the right to be informed on the results of the investigations by the police or the examining judge[25]. These rights could be restricted 'in the interest of the investigation' by the public prosecutor or the examining judge[26].

The emphasis of the criminal procedure lies in the court trail[27]. In the court trail the immediacy principle is the leading principle[28]. At the court trail the evidence must be produced on the basis of the immediacy principle. The judge should ground his judgement only on evidence which he had heard during trail, and not on inquiries or conclusions drawn from another time, place or person. The ratio is that reproduction of evidence bears the risk of distortion. All evidence that could possibly influence the judgment should be subject to challenges during trail. During the trail the evidence should be based on the most primary sources in order to ensure the verifiability of the information it contains, this to improve the fact-finding process[29].

B. Division in the code

The Code of Criminal Procedures is divided into six books[30]. The first book contains provisions on the competence of the police, the public prosecutor and the judiciary, on the rights of the defendant and the defense counsel and on coercive measures such as pre trail detention, seizure or

---

23 Article 20 Code of Criminal Procedures.

24 Article 21 paragraph 2 Code of Criminal Procedures.

25 Article 23-28 Code of Criminal Procedures.

26 Article 22 paragraph 2 Code of Criminal Procedures.

27 Articles 252-353 Code of Criminal Procedures.

28 The principle of immediacy requires that all evidence is presented in court in its most original form.

29 M. S. Groenhuijzen, H. Selçuk, *The principle of immediacy in Dutch criminal procedure in the perspective of European human rights*, 2014, p. 248-249.

30 S.B. 1977 no. 94 modified S.B. 2014 no. 119.

search of the premises[31]. The second book contains the legal provisions on the pre trail stage[32]. The third book contains the legal provisions on the trail stage[33]. The fourth book deals with legal remedies such as appeal[34]. The fifth book contains special criminal procedures provisions on juveniles, the change and challenge of judges, international legal assistance[35]. The last book contains provisions on the implementation of court decisions[36].

C. Major procedural law reforms

The Surinamese Code of Criminal Procedure has been reformed considerably over the last few years. The Code of Criminal Procedure establishes an allocation of power and rights to parties in a criminal court procedure. The Code of Criminal Procedure was regularly supplemented and changed. There are a number of reasons for major changes in the code : the age of the code (1) and the impact of international human rights instruments (2).

1. The age of the code

The Code of Criminal Procedure dates from 1977. It reflects interest and competences of the suspect and his defense counsel, the police and the prosecution service. The legal position of witnesses and victims was elaborated very insufficiently. Civil compensation in criminal proceedings was limited.

According to the Surinamese law the prosecution service is vested with an absolute prosecution monopoly[37]. So pri-

---

31 Articles 1-132 Code of Criminal Procedures.
32 Articles 133-237 Code of Criminal Procedures.
33 Articles 238-363 Code of Criminal Procedures.
34 Articles 364-402 Code of Criminal Procedures.
35 Articles 403-479 Code of Criminal Procedures.
36 Articles 480-523 Code of Criminal Procedures.
37 Article 145 Constitution.

vate prosecution by the victim is impossible. The victim of a criminal offence had been allotted a very modest place in the code. The position of the victim to claim civil compensation is strengthen[38]. The legal position of the witness has also changed. The threatened witness[39] has been recognized only recently[40].

2. The impact of international human rights instruments

The recent changes are the result of the need to meet the demands stemming from international human rights instruments concerning persons accused of crimes and persons deprived of liberty, in as far as these rules of these instruments are directly applicable under Surinamese law[41] A constitutional court was not established in Suriname although the constitution stated that there is a constitution court[42]. The constitution explicitly prohibits a constitutional judicial review of laws by the courts: Laws are inevitable, except for the provisions in the articles 106, 137 and 144 paragraph 2 of the Constitution[43]. The Surinamese Constitution obliges the courts to review all domestic legislation with regard to their compatibility with directly applicable provisions[44] of international treaties to which Suriname is a contracting party[45], such as the Inter-American Convention on Human Rights[46]. Where a Surinamese statutory provision

---

38 S.B. 1980 no. 116.

39 The witness who refuses to meet his legal obligation to testify for fear of retaliatory measures.

40 S.B. 2002 no. 70.

41 Article 106 Constitution.

42 Article 144 Constitution.

43 Article 80 paragraph 2 Constitution.

44 All provisions in the Inter-American Convention on Human Rights that do not need further legislative implementation or operationalization are regarded as directly applicable.

45 Article 106 Constitution of the Republic of Suriname.

46 Ratified on November 12, 1987.

is found to be in conflict with a directly applicable provision of the Inter-American Convention on Human Rights, the court shall apply the provision of the Convention instead of the national provision[47].

D. Procedural criminal law in other acts and international instruments

Some acts[48], include procedural law regulations that partly deviate from the Code of Criminal Procedure. This concerns in particular searches of the premises end the procedure of seizures. The code of criminal procedure is not applicable to minor road-traffic offences. These are dealt with through administrative procedures without direct access to a criminal court. The road traffic act allows the police to impose an administrative fine.

The code of criminal procedure contains special provisions on juvenile court trail[49]. As a rule, trials in juvenile court are not open to the public. Suriname has signed and ratified conventions dealing with procedural law issues. For instance, conventions on Mutual Assistance in Criminal Matters, on Transfer of Proceedings in Criminal Matters, on extradition and on Transfer of Sentenced Persons.

---

[47] Statutory regulations in force within the Republic of Suriname shall not be applicable if such application is in conflict with provisions of treaties that are binding on all persons or of resolutions by international institutions.

[48] Economic offences act and the Narcotic Drug act.

[49] Article 403-428 Code of Criminal Procedure.

II. The main organs of the criminal justice system

A. The police force

1. Organization of the police

The formal organization of the police force is laid down in the 1971 Police Charter[50]. The Police Charter reformed the police service in order to offer an efficient and effective police organization. According to article 2 sub 1 of the police charter the police in Suriname is divided into:

- The general police ;
- The military police and
- The special police[51].

The members of the Police Corps Suriname (Korps politie Suriname) are the general police[52]. The general guidance of the Police Corps Suriname lies with the minister of justice and police[53]. The prosecutor general is in charge of the judicial police care. He is authorized to provide police officers with instructions for the prevention, detection and tracking of criminal offenses[54]. The district commissioner ensures the maintenance of public order and rest in his district. He is therefor in charge of the police in his district[55]. The corps chief is under guidance of the minister of Justice and Police,

---

[50] G.B. 1971 no. 70.

[51] The special police are members of other public services than that resorting under the ministry of Justice and police responsible for the investigation of certain offences. For example the labor inspection, customs and excise inspection, environmental inspection, Game wardens, price controllers etc.

[52] Article 4 Police Charter.

[53] Article 7 Police Charter.

[54] Article 8 Police Charter.

[55] Article 9 Police Charter.

in charge of the organization and management of the police[56].

The police are trained in order to safeguard the national public in matters relating to serious public disorder and matters relating to civil disturbances. The Police charter stipulates the duties of the police as « protection of person and property; prevention, suppression and detection of crime ». According to the police charter crime detection is one of the main duties of all the police officers[57].

In addition to the regular police service, there are special criminal law enforcement agencies, which are vested with the right to detect and investigate a restricted category of offences. These agencies form a part of the national administration. These special investigative agencies are under the control of a government department such as Customs and Excise Investigative office of the Ministry of Finance and the Labor Inspection of the Ministry of Labor. These agencies have only investigative powers restricted to criminal offences related to matters of immediate concern to these ministries.

2. Powers of the police force

To perform the task to detect and investigate criminal offences the police are vested with specific statutory powers such as arrest, police custody, seizure[58]. Some powers can only be exercised by the district commissioners and police officers, appointed by the minister of Justice and Police, who have been designated as assistant public prosecutors. An assistant public prosecutor is not a member of the prosecution service nor is vested with the powers of a public prosecutor. The assistant public prosecutor is vested with

---

[56] Article 10 Police Charter.
[57] Article 5 sub 1b Police charter.
[58] Article 11 Police Charter.

the power to use coercive measures, such as search and police custody[59]. The police may use violence in the exercise of their police task[60]. The police may carry out a body search if it is required for reasons of safety[61].

3. Supervision over the police

In the investigation of criminal offences, the prosecutor general is, formally, the senior investigator[62]. In practice, the police deal with most cases of criminal investigation without prior consultation with the prosecutor general, except in more important criminal cases where the prosecutor general or the members of the prosecution service may give the police detailed instructions. Consultation with the prosecutor general is in general on a more abstract level, in order to determent the policy for the investigation of certain kinds of crime and for the use of special investigation methods. This is due to the recognition that with regard to investigative techniques and tactics, the police possess more expertise than the prosecutor general and the members of the prosecution service. There is consultation with the prosecution service in specific cases where police officers require approval or cooperation of the public prosecutor or the examining magistrate for the use of certain means of coercion. All investigating police officers are subject to the prosecutor general[63].

---

59 Article 143 Code of Criminal Procedure.
60 Article 12 Police Charter.
61 Article 47 Code of Criminal Procedure.
62 Article 133 and 134 Code of Criminal Procedure.
63 Article 8 Police Charter.

B. The Prosecution Service

1. Organization of the Prosecution Service

The Prosecution Service is a nationwide organization of prosecutors. The Prosecution Service is organized hierarchically with at the top the prosecutor general. The service functions under the responsibility of the Minister of Justice and Police[64], but it is not an agency of the Ministry of Justice and Police. The service is part of the judiciary[65].

The Prosecution Service should be effective and respected. The highest ethical and professional standards should be adhered by the prosecutors in prosecuting crime. The prosecutors should conduct themselves in a matter that will maintain, promote and defend the interest of justice.

The organization of the prosecution service is regulated by the Judiciary act[66]. The prosecution service is organized in two layers corresponding with the court in first instance and the courts of appeal. At the court in first instance the Prosecution Service consists of prosecutors with the rank of senior public prosecutor, public prosecutor and substitute public prosecutor. At the court of appeal the prosecution service consist of prosecutors with the rank of advocate general and the prosecution general. The Prosecutor General is the representative of the state Suriname[67].

2. Main duties and power of the Prosecution Service

The main task of the Prosecution Service is to administer by means of criminal law the legal order. The Prosecution Service plays a pivotal role in the administration of criminal

64 Article 148 Constitution.
65 Article 3 Judiciary act.
66 G.B. 1935 no.79 revised by S.B. 1994 no. 17.
67 Article 146 sub 2 Constitution.

justice. The Prosecution Service has the monopoly over prosecutions[68] and employs the expediency principle[69] in this connection. Furthermore, it makes use of its hierarchical structure to pursue a coordinated policy.

The Prosecution Service is able to determine systematically what cases should be brought to trail and what sentences the courts should be asked to impose. Some of the crimes which reach the public prosecution office through the police, are not brought to trail, but are instead disposed of by the prosecution service itself. Usually this is done by a decision not to prosecute through a dismissal due to technicalities or through a dismissal due to the use of the expediency principle or by a settlement out of court by means of a transaction.

If the Prosecution Service made de decision to refer the case to the criminal court, suspects in simple, less serious kinds of crime will generally be summoned by the public prosecutor on the basis of the information obtained by the police.

In case of complicated and serious crimes, the public prosecutor may apply for a preliminary judicial investigation by the examining judge[70]. When the preliminary investigation is conducted, the public prosecutor can decide whether or not to prosecute. If the suspect is notified by the public prosecutor that no charges will be brought to trail, the case is terminated[71].

The prosecution may be dismissed on the following grounds :

---

68 Article 145 Constitution.

69 Policy instrument which is based on the power of the public prosecutor to refrain from prosecuting offences.

70 Article 168 Code of Criminal Procedure.

71 Article 156 Code of Criminal Procedure.

1. Because the prosecutor doesn't have the right anymore to prosecute, for example, due to the statute of limitation ;
2. The evidence against the accused is manifestly insufficient ;
3. The act does not constitute a criminal offence and
4. Where the accused is not liable, for example, due to self defense.

3. Political accountability

The Prosecution Service is a dependent body in the sense that the government is politically accountable for the policy of the Prosecution Service[72]. The political accountability is one of the core elements of the Surinamese Rule of Law State. The Government is involved in the formulation of the prosecution policy at large. To make sure that everyone involved in the criminal justice system knows the principles that prosecutors shall apply when they do their work a prosecution policy must be designed.

To treat victims and prosecute offenders effectively, the principles laid down in the prosecution policy must be applied consistently. The Prosecutor General is responsible for the proper realization of the prosecution policy. Prosecutors must all times act in the interest of the community and not necessarily in accordance with the wishes of the community. The prosecutor's primary function is to assist the court in arriving at a fair and just decision (verdict). In the event of a conviction a fair sentence based upon the evidence presented. The prosecutors represent the community in criminal trails and should ensure therefore that the interest of the victim and the community are promoted, without negating their obligation to act in a fair and balanced manner.

---

[72] Article 148 Constitution.

The prosecutors have discretion to make decisions that affect the criminal process. Prosecutors must act impartially and in good faith, without fear, favor or ill will. Their judgement must not be influenced by factors such as their personal views regarding the nature of the offence or the race, ethnic, religious beliefs, status, political views or sexual orientation of the victim, witness or the offender[73].

The government cannot give orders to the Prosecutor General at the Supreme Court, who holds an independent position. This is due to the fact that he is vested with the right to prosecute the President, the vice-president, members of parliament, ministers, deputy ministers, and former political officials for crimes committed in the exercise of their functions[74].

C. The courts

The organization of the court system is regulated by the Judicial Organization act[75]. The courts deal with three types of cases, criminal, administrative and civil cases, at two levels. There is no constitutional court in Suriname[76]. At present there is a total of around 25 judges in Suriname. Of those around three quarter are female. Judges are appointed for life by the President and retired at the age of 70.

The Sub District Court is the court in first instance. Suriname is divided in ten districts, covering three cantons. The Sub District Courts have only one judge. The second level is the Court of Appeal.

---

[73] Article 8 Constitution.

[74] Article 140 of the Constitution; Article 12 Code Accusation Political Officials S.B. 2001 no. 72 revised by S.B. 2007 no. 101.

[75] G.B. 1935 no. 79 revised by S.B. 1994 no. 17.

[76] Article 144 of the Constitution provides in the establishment of a Constitutional Court.

1. Lay participation

Criminal justice is administered by judges and public prosecutors with, at least, a qualification of Master of Law. Suriname has no jury system. Except in the military division of the Sub District Court and the military division of the Court of Appeal there is no participation by lay persons, as judges in the courts.

2. Jurisdiction

There is one court in first instance, the Sub District Court. Sub District Court try crimes committed in their jurisdiction. There is one appellate court, the Court of Appeal ; the Court of Appeal is the appellate court for Sub District Court decisions. The Court of Appeal is court of first and last instance in cases of civil servants and former civil servants and their heirs against the state for decisions against the law and decisions where the state has used its power for another purpose than the purpose the power was given for (« détournement de pouvoir »)[77]. The Court of Appeal is also a court of first and last instance when (former) members of parliament, President or vice President, ministers and deputy ministers have to be tried for offences committed in the exercise of their functions[78].

3. Composition of criminal courts

As a rule, all crimes are tried by a single judge in a Sub District Court. As a rule, the Court of Appeal hears a case with a bench of three judges[79]. It may hear a case with a bench of five judges, as a court of appeal, when (former)

---

[77] Article 79 Civil Servant Code G.B. 1962 No. 195 revised S.B. 1987 No. 93.

[78] Article 12a Code on the Accuse of Political Public officials S.B. 2001 No. 72 revised S.B. 2007 No. 101.

[79] Criminal procedural Code.

political public officials are trailed for offences committed in the exercise of their functions[80].

4. The Court of Appeal

The highest court in criminal matters is the criminal chamber of the Court of Appeal. It is competent to review a decision in cases where the law has been improperly applied or the rules of due process and fairness of the procedure haven been violated. The defendant and the Prosecution Service have the right to appeal to the Court of Appeal against all criminal judgments of the Sub District Courts against which no other remedy is open[81].

D. The prison service

The enforcement of prison sentences is a task of the Prosecution Service[82]. The prison sentences are actually carried out by the Delinquency Care Service. The Delinquency Care Service is housed within the ministry of justice and police[83]. The Delinquency Care Service has the coordination of the prison system[84].

The prison system is divided in:

1. Penitentiary establishments and
2. Houses of custody[85].

Penitentiary establishments are intended for the imprisonment sentence. The houses of custody are intended for

---

[80] Article 12a Code on the Accuse of Political Public Officials S.B. 2001 no. 72 revised S.B. 2007 No. 101.
[81] Article 368-378 Criminal Procedural Code.
[82] Article 3 Judiciary Act.
[83] Statute delinquency care S.B. 1979 no. 21 last revised SB 1989 no. 97.
[84] Article 1 of the Law delinquency care SB 1979 no. 21 last revised SB 1989 no. 97.
[85] Article 2 of the Law delinquency care SB 1979 no. 21 last revised SB 1989 no. 97.

the execution of orders of custody, imprisonment and detention[86].

Within the adult prison facilities in Suriname, women and men are housed separately. There are three Penitentiary establishments and three houses of custody. The Penitentiary establishments are:

1. The penitentiary establishment Santo Boma in Paramaribo;
2. The penitentiary establishment Duisburg in Paramaribo and;
3. The penitentiary establishment Hassart in Nickerie.

The houses of custody are located in the Penitentiary establishments.

The strategic prison policy is developed by the minister of Justice and Police. The minister of Justice and Police is politically accountable for the development of the prison policy[87]. The delinquency care service translates the strategic prison policy into an operational policy. The policy is implemented by the prison directors. The Penitentiary establishments gets their own budget.

III. Issues of criminal law

A. Definition of criminal offence

A definition of the concept of a criminal offence is not given in the Criminal Code. The Criminal Code deals with

---

86 Article 3 of the Law delinquency care SB 1979 no. 21 last revised SB 1989 no. 97.
87 Statute delinquency care.

the conditions that have to be met before an offender can be punished. It provides the statutory definitions of the various punishable conducts. The statutory definition of an offense contains the constituent elements of the criminal offense[88].

The public prosecutor must sum up the constituent elements in his charge. The presence of these elements must be proven by the facts presented, before the court can sentence the offender. When a constituent element is missing in the charge, a discharge must follow. When the public prosecutor cannot prove by evidence that the charge is matching the facts an acquittal must follow[89].

When the conduct of an offender falls within the statutory definition of an offence, he is criminally liable. Due to the legality principle[90] the statutory elements of a criminal offense play an important role in the substantive criminal law.

B. Principle of legality

The rule of law as a constitutional principle requires that a citizen, before committing himself to any course of action, should be able to know in advance what the legal consequences that will flow from it are. In the Criminal Code and the criminal procedural code, the principle of legality is established. The principle of legality is a core value in criminal law prosecution according to which no crime or punishment can exist without a legal ground. *Nullum crimen, nulla poena sine lege* protects individuals from state abuse and unjust interference[91]. The legality principle guarantees against arbitrary administration of criminal justice, that new criminal law pro-

[88] J. Remmelink, *Inleiding tot de studie van het Nederlands strafrecht*, Gouda Quint bv Arnhem 1995, p. 100-111.

[89] G. J. M. Corstens, *Het Nederlands strafprocesrecht*, Kluwer Deventer 2008, p. 624.

[90] J. de Hulle, *Materieel strafrecht*, Kluwer Deventer 2006, p. 81.

[91] I. Crisan, *The principle of legality "Nullum crimen, nulla poena sine lege" and their role*, 2010.

visions may not be retroactive and that only penalties specified by statutes are imposed[92].

C. Classification of offences

Criminal offences are classified as crimes or infractions[93]. This classification is relevant because an attempt to commit an infraction or complicity as an accessory to an infraction does not constitute criminal liability[94].

D. Minimum age of criminal responsibility

The minimum age of criminal responsibility is ten years. Children under ten years of age cannot be prosecuted for criminal offences[95]. To juveniles between ten and sixteen years of age, juvenile criminal law is applied. To juveniles aged between sixteen and eighteen in principle juvenile criminal law is applied, but adult criminal law is applied for reasons of the gravity of the offence, the character of the offender or the circumstances in which the offence is committed[96].

E. Culpability

A major principle of Surinamese criminal law is that there is no criminal liability without culpability or blameworthiness[97]. Two forms of culpability are distinguished : *intent* and *negligence.*

1. Intent is acting willingly and knowingly as well as acting in the awareness of a high degree of probability. Intent may be present in the case where the offender

---

[92] J. De Hulle, *op. cit.*, p. 81-94.
[93] G. J. M. Corstens, *op. cit.*, p. 100-111.
[94] Article 71 and 77 Criminal Code.
[95] Article 56 Criminal Code.
[96] Article 58 Criminal Code.
[97] Articles 65 and 66 Criminal Code.

willingly and knowingly accepts the considerable chance that a certain result may ensue[98].

2. Negligence includes conscious and unconscious negligence. Conscious negligence is present when the offender is aware of a considerable and unjustifiable risk that exists or will result from the act but thinks on unreasonable grounds that the risk will not materialize. Unconscious negligence is present when the offender was not aware of the risk but should have been aware of it[99].

F. Justification and excuses

The Criminal Code does not distinguish between justification and excuses. According to the Criminal Code the offender is not criminally liable in both cases[100]. In the criminal law doctrine, the distinction is made between justification and excuses. Justifications concern the lawfulness (necessity, self-defense, public duty and official orders) and excuses concern the blameworthiness of the act (insanity, duress, excessive self-defense, obeying an unlawful order). The violation of the law does not constitute a criminal offence if grounds for justification are present. The violation of the law does constitute a criminal offence if grounds for excuse are present, but the offender cannot be blamed for having committed the offence[101].

---

[98] J. Remmelink, *op. cit.*, p. 201-206 ; de Hulle 2006 p. 206-219.
[99] J. Remmelink, *op. cit.*, p. 193-195.
[100] Articles 65 and 66 Criminal Code.
[101] Articles 65 and 66 Criminal Code.

IV. Issues of procedural law

A. Pre-trial investigation

For a court in first instance a criminal procedure comprises two phases[102]:

1. The pre-trial investigation and
2. The public trial.

There are two kinds of pre-trial investigations[103]:

1. The investigation by the police under the direction of a public prosecutor, and
2. The judicial investigation by the examining judge.

The criminal procedure is initiated with the investigation carried out by the police. The purpose of the police investigation is to gather information on the offence and the suspect. A suspect is anyone who may reasonably be suspected of having committed the offence. The police have the right to question any person in relation to the offence, but no one is obliged to answer questions put by the police. A written record of the questioning of the suspect and other persons and of relevant findings of facts is prepared by the police. The written records of the police are prepared under oath and may be used as evidence in court. When the legal prerequisites to do so exist the police are authorized to carry out coercive measures such as arrest, body search and search of the premises[104].

The pre-trail investigation has a tempered inquisitorial character. Inquisitorial elements are present when coercive measures as body searches, searches of the premises or telephone interception are applied. The inquisitorial character is

---

[102] Articles 133-221 and 238-363 Code of Criminal Procedure.
[103] Articles 133-156 and 157-221 Code of Criminal Procedure.
[104] G. J. M. Corstens, *op. cit.*, p. 257-320.

tempered by provisions providing the offender the right to communicate with his counsel. The suspect has also the right to be informed on the progress of the investigation in the pre-trail stage unless the information would hamper the proper conduct of the investigation[105].

B. Police investigation

The Code of Criminal Procedure doesn't give statutory rules for all investigative methods used by the police. Some rules exist concerning the interrogation of the offender by the police. Other important investigative methods such as interrogation of witnesses or the use of observation by the police, the application of technical means of investigation such as fingerprinting, confrontation through the Oslo-method (confrontation method) and the use of dogs for a search do not have a statutory basis. Before a criminal investigation is started and investigative measures applied, there must be a reasonable suspicion that a criminal offence has been committed[106].

C. Examining judge

The examining judge performs two functions:

1. To determine whether a suspect should remain in detention for a period of up to thirty days and
2. In further investigating crime[107].

The examining judge has powers which the police and prosecutor lack. The examining judge may order a witness to come before him and make a witness deposition. He may order the interception of telephones and the interception of mail or order a psychiatric examination of the subject. The

---

[105] G. J. M. Corstens, *op. cit.*, p. 8-9.
[106] *Ibid.*, p. 291-299.
[107] Article 57 Code of Criminal Procedure.

public prosecutor may request the examining judge to start a judicial preliminary investigation if for the proper investigation of a crime the exercise of one of the powers of the examining judge is needed. The power to search premises, to intercept telephone calls may be used by the public prosecutor or a senior police officer in cooperation with or after examination by the examining judge as a check on the exercise of these powers. The examining judge carries out further investigations during the preliminary investigation. The examining judge may issue a warrant for a search of the premises and supervises this search. He may hear a witness on oath who cannot be present at the trail or who may not be willing to appear at trail because of fear of retaliation from the defendant[108].

D. Prosecutorial decisions

The prosecutor has to take a decision when the police investigation or the judicial investigation is terminated. He can decide:

- To drop the case,
- To settle the case by means of a transaction, or
- To issue a write of summons on the offender[109].

E. Arrest and detention before and pending trail

Deprivation of liberty of a person suspected of having committed a criminal offence before and pending trail is divided into five phases:

1. Police arrest in order to be questioned.
2. Police custody.
3. Remand in custody.

---

[108] Articles 157-167 Code of Criminal Procedure.
[109] Articles 222-235 Code of Criminal Procedure.

4. Remand detention.
5. Detention pending trail.

In the first and second phase the decision on the deprivation of liberty rest with the public prosecutor. In the other phases the decision rest with the judiciary. The full term of arrest and pre-trial shall be deducted from the term of the imprisonment. The pre-trail phase ends with the decision to prosecute the case and to summon the offender[110].

1. Police custody

After expiration of the term for police arrest the suspect has to either released or taken into police custody. Police custody is ordered by the public prosecutor and can only be applied in the interest of the investigation of criminal offences for which pre-trail detention is possible. The police custody order holds good for seven days. The order can be extended once for up to seven days by the prosecutor. The police custody order contains a description of the criminal offence, the reasons why the order was issued and the circumstances which have resulted in the supposition of the reasons[111]. From the moment of the police custody order the suspect has the right to an assigned defense counsel who has free access to the suspect, unless this is abused to hamper the finding of the truth. After seven days in police custody the suspect has to be brought before a judge. The judge may only examine the lawfulness of police custody. A full examination takes place when the examining judge has to decide whether the detention of the suspect has to be continued by issuing a remand in custody order[112].

---

110 Article 238 Code of Criminal Procedure.

111 Article 49 Jo 51 Code of Criminal Procedure.

112 Article 52 Code of Criminal Procedure.

2. Remand in custody

After the expiry of the term of police custody the suspect to be released or at the request of the public prosecutor brought before the examining judge who can order remand in custody. The suspect is heard by the examining judge. The remand in custody is the first phase of the pre-trail detention. The pre-trail detention is admissible in cases where the offender is seriously suspected of having committed a crime which carries a maximum sentence of not less than four years imprisonment, or which is specifically designated, or which carries imprisonment provided that the suspect does not have a fixed residence or regular place of abode in Suriname. For the application of the pre-trail detention there must be a danger that the suspect will abscond or there must be a serious reason of societal safety. Remand in custody is not permitted if it is not likely that the offender will be sentence to imprisonment or if it is not no longer likely that the actual imprisonment will last longer than the period of detention[113].

3. Remand detention

If after expiry of the terms of remand in custody the grounds for pre-trail detention are still valid, the prosecutor requests the court to order remand detention for thirty days. This request may be repeated twice. The suspect is heard in processing these requests[114].

4. Detention pending trail

If the suspect is after one hundred and twenty days still in pre-trail the public prosecutor has to present the case to the court in order to be tried. If the case is not ready for trail, the trail may be adjourned. The remand detention order

---

113 Article 56 Code of Criminal Procedure.

114 Articles 60 Jo 60a Code of Criminal Procedure.

may remain valid days after the final court decision provided that the verdict in the first instance and on appeal results in prison sentence exceeding the period spent in detention[115]. The pre-trail detention order has to be cancelled with immediate effect in case of an acquittal or discharge or a prison sentence not exceeding the pre-trail detention period. The limitation of the duration of the pre-trail detention has the result that cases against detained suspects are tried with priority by the court[116].

F. The right to challenge detention

When the suspect is brought before an examining judge, he can make use of the right to request release from police custody. With regard to remand in custody it is assumed that the suspect has the right to elicit a release order from the examining judge. If the examining judge gave a release order the public prosecutor has fourteen days to lodge an appeal with the court. The suspect has also the right to request the court to cancel the remand in custody order. If the court refuses to cancel the remand in custody order the suspect can lodge an appeal with the court of appeal. In the phase of pre-trail, detention the suspect can appeal against the court order to continue the pre-trail detention. The suspect has the right to ask the court to cancel the pre-trail detention order. If the challenging of the detention under the criminal procedure offers the prospect of a timely decision, the civil judge can be asked for a decision by means of summary civil proceedings[117].

---

[115] Articles 222-235 Code of Criminal Procedure.

[116] Article 60a Code of Criminal Procedure.

[117] Articles 61-65 Code of Criminal Procedure.

G. Rights of the defense counsel during the pre-trial stage

The defense counsel has the right to free and unmonitored access to a client who is in custody. The defense counsel is always partly dependent on the criminal justice authorities on the time and facilities made available by the police. Delay of the investigation is not allowed as result of the access of the defense counsel to his client. The defense counsel does not have the right to be present at police interrogations[118].

H. The trial phase

A court hearing commences with the identification of the accused by the court and the reading of the indictment by the public prosecutor. The accused is reminded by the court of his right not to answer questions. The subject of the court session is the indictment. It consists of a description of the alleged criminal offence and closely follows the statutory definition of the offence. The public prosecutor has the power to modify the charges if he deems necessary. The court lacks this power. The public prosecutor is the master of the trail. The tyranny of the indictment brings whit it that the judge can only convict the accused on the basis of the indictment[119].

The court examines the accused, the witnesses and the experts after the reading of the indictment. The defense counsel and the public prosecutor may ask additional questions of the accused and the witness. The examination of the accused and the witnesses by the court is usually combined with the reading of their statement made to the police or the examining judge. After having taken the oath the witnesses are examined. The defendant may not be questioned under

---

118 Articles 30-31 Code of Criminal Procedure.

119 Articles 238-248 Code of Criminal Procedure.

oath. He has the right to remain silent and cannot be obliged to tell the truth[120].

After the evidence has been taken the prosecutor makes his closing speech. In his closing speech he gives a summing up of the evidence and recommends what offence the defendant is to be sentenced for and requests that the court impose a sentence. The judge is not bound by this request. Thereafter the defense counsel addresses the court with his plea. The defendant is given the last word before the judge closes the trail. After the closing of the session of the court, the judge gives the verdict and the sentence. The sentence is read in a public session of the court.

The trail has an accusatorial character. There is an equality of arms between the prosecutor and de defendant. The main purpose of the trail is to discover the truth[121].

I. Court decisions

The court can take four procedural decisions. The court can declare the summons null and void, can declare itself not competent to try the case, can dismiss the case and can suspend further prosecution. The court is competent to try the case when the court decides that the summons is valid, and the case is not to be dismissed nor the further prosecution has to be suspended. The court has to decide if the facts mentioned in de indictment are proven, the facts constitute a criminal offence, the accused is criminally liable and the sentence which should be imposed. The court can give four substantive decisions. When the essential facts in the indictment are not proven the accused is acquitted. When the facts in the indictment are proven but don't constitute a criminal offence or the offender is not liable the accused is discharge. When there is evidence that the accused has

[120] Articles 271-290 Code of Criminal Procedure.
[121] G. J. M. Corstens, *op. cit.*, p. 8.

committed a criminal offence beyond reasonable doubt and the accused is liable for the offence a sentence may be imposed[122].

J. Legal remedies against court decisions

Appeal is the general legal remedy against a decision by the court in first instance. The appeal must be filled within fourteen days. Appeal involved a complete rehearing of the case because the appeal court has to decide on the facts of the appealed case. The appeal court may change the sentence, changed an acquittal by the court in first instance in a conviction. The decisions of the appeal court must be unanimous[123].

K. Trail in absence of the accused

The accused has the right to be present at the court, but he is not required to appear in court unless the court orders so. If the accused is summoned properly a case may be tried in his absence. At least four days prior to the court session the summons must be served to the accused in person or to his representative[124].

L. Rules of evidence

An offender can only be convicted when the court through the court trail gained the conviction from evidence defined by statute that the offender has committed the offence as indicted. The evidence may not rest upon the testimony of one witness (*unus testis nullus testis*) and a conviction may never be solely based on the statement of the

---

[122] Article 272 Code of Criminal Procedure.
[123] Articles 249-251 Code of Criminal Procedure.
[124] Article 246 Code of Criminal Procedure.

accused. A guilty plea is unknown in our criminal justice system[125].

The court is free in assessing the truth worthiness and the quality of the evidence. The reasons for convicting the accused have to be stated in the verdict. The burden of proof lies with the public prosecutor. By ordering further investigation the court can play an active role in gathering evidence during court trail. The presumption of innocence is a fundamental principle of the Code of Criminal Procedure[126].

M. Statutory means of evidence

By statute five means of evidence are defined:

1. The courts own observations during the courts hearing.
2. The statement of the accused in court or elsewhere provided the statement appears from a means of evidence.
3. The statement of a witness in court.
4. The statement of an expert in court and
5. Written (police) materials.

A statement of the accused is his statement during court trail about facts and circumstances he knows from his own knowledge. A statement of a witness is de information he gives in court on facts and circumstances he personally perceived and experienced. Personal opinions, guesses and conclusions are excluded as evidence. An expert statement is an opinion based on expert knowledge concerning the subject on which his opinion is sought. The opinion of an

---

125 Articles 324-328 Code of Criminal Procedure.

126 Articles 330-330a Code of Criminal Procedure.

expert is expressed in an expert witness report which is read out at trail[127].

The written materials are distinguished in five categories:

1. Written decisions by members of the judiciary.
2. Reports by members of competent agencies on facts or circumstances personally perceived or experienced by them.
3. Documents of competent public agencies containing the communication of facts and circumstances perceived or experienced by them.
4. Report of experts and
5. All other written materials.

N. Rules on gathering evidence

The rules governing the methods of acquiring evidence deal mainly with the interrogation of the accused or the witnesses and with the legal prerequisites for acquiring technical evidence. Coercive measures can be used to collect evidence. These coercive measures may only be used in cases of crimes for which pre-trail detention is allowed by law. Permission to apply coercive measures must be obtained from the examining judge[128].

Unlawfully obtained evidence may have three consequences:

1. The court may mitigate the sentence in proportion with the seriousness of the irregularity provided that the harm caused by the irregularity can be compensated.

---

[127] Article 325 Code of Criminal Procedure.
[128] Article 173 Jo. 176 Code of Criminal Procedure.

2. The court may exclude unlawfully obtained evidence.

3. The case may be dismissed if the irregularity by obtaining the evidence would lead to a trail that would be in conflict with the principles of a proper criminal procedure[129].

---

[129] G. J. M. Corstens, *op. cit.*, p. 705-712.

3ème PARTIE

Les droits des parties dans les mécanismes de coopération judiciaire internationale

Les limites à la coopération judiciaire internationale en matière pénale par le jeu du droit européen des droits de l'homme

Jean-Paul CÉRÉ[1]

La coopération judiciaire internationale en matière pénale ne cesse de se renforcer. Phénomène marginal à une certaine époque, la collaboration entre États est une réalité aujourd'hui incontournable, même si elle ne doit pas masquer des difficultés inhérentes au domaine visé. La fonction de magistrat de liaison souligne l'importance de la place accordée par la diplomatie et la justice française à la coopération pénale internationale.

Plusieurs définitions, plus ou moins restrictives, de la coopération ont pu être proposées. Il est possible de retenir celle qui concerne « *des actes permettant la remise de personnes poursuivies ou condamnées, l'accomplissement d'investigations policières ou de mesures d'instruction, la transmission d'informations ou la notification de décisions répressives rendues par les juges pénaux étrangers* »[2]. La coopération est particulièrement prégnante en Europe et on ne manquera pas de relever que la confrontation entre

---

[1] Maître de conférences en droit privé et sciences criminelles, EDPC UPPA (ISCJ, Université de Bordeaux).

[2] D. Rebut, *Droit pénal international*, Dalloz 2014, 2e éd., p. 135.

procédures pénales est intrinsèquement de nature à relever des liens avec les droits de l'homme. D'ailleurs des textes supranationaux spécifiques existent et régentent la coopération. On peut songer, entre autres, au mandat d'arrêt européen[3], à la Convention européenne d'entraide judiciaire en matière pénale, à la Convention européenne sur le transfèrement des condamnés[4], à la Convention européenne sur la valeur internationale des jugements répressifs ou à la Convention européenne d'extradition. Le champ de la coopération est donc large. Il embrasse toutes les phases du procès pénal. La question que nous sommes amenés à nous poser dans le cadre de cette intervention est de savoir si cette emprise du droit européen des droits de l'homme peut être un frein à la coopération pénale internationale. Il paraît de prime abord assez évident que les textes spécifiques existants ont plutôt pour objectif de renforcer et d'optimiser cette collaboration et la Cour européenne s'inscrit pleinement dans ce mouvement en soutenant une obligation positive de coopération efficace entre les États[5]. Nous focaliserons dès lors le regard sur la jurisprudence de la Cour européenne. Bien qu'*a priori* le texte de la Convention européenne des droits de l'homme, dont elle est garante de son respect, n'aborde pas ostensiblement la coopération pénale internationale, la Cour s'est engagée vers un tel contrôle. Elle l'exerce y compris lorsqu'elle s'effectue dans le cadre d'organisations internationales, au motif que « *la protection des*

---

[3] Not. S. Lainé, « Mandat d'arrêt européen : présentation et aspects pratiques », *AJ Pénal* 2006, p. 9 ; F. Fournié, « Difficultés d'exécution d'un mandat d'arrêt européen. Entre droit et politique », *D.* 2009, p. 1984.

[4] V. D. Scalia, « Légalité et égalité de l'exécution des peines en droit international pénal : un clair-obscur contrasté », *Rev. sc. crim.* 2011, p. 761 ; S. Ceccaldi, « Transfèrement international des condamnés et ordre public procédural », *Rev. sc. crim.* 2008, p. 303.

[5] V. T. Herran, « L'emprise de la cour pénale européenne des droits de l'homme sur l'entraide répressive internationale », *Rev. sc. crim.* 2013, p. 735 et s.

droits fondamentaux peut s'en trouver affectée »[6]. Sa jurisprudence transcende donc les frontières européennes. Et là, s'il apparaît que le rôle de la Cour européenne est marginal parfois (I), il peut s'avérer déterminant dans d'autres cas (II) au point alors de limiter la coopération pénale.

I. Un rôle marginal de la CEDH sur la coopération pénale internationale

A. Un contrôle exceptionnel sur le terrain procédural

1. L'article 5 Conv. EDH

Sur le terrain de l'article 5 de la Convention, le seuil fixé par la Cour européenne laisse peu de place à un refus de coopération pénale pour les États. Seule la constatation d'une exposition à un risque réel de violation flagrante de l'article 5 est de nature à emporter un arrêt de condamnation sur le fondement cet article. Le refus par un État requis de prêter son concours ne peut donc être motivé que dans le cas où l'État requérant a violé ou serait en situation de violer de façon manifeste les garanties de l'article 5. Une violation pourra être retenue « *par exemple, lorsque l'État requérant détenait arbitrairement un individu pendant plusieurs années sans avoir l'intention de le traduire en justice, ou si un requérant risquait d'être détenu pendant une longue période dans l'État d'accueil après avoir été condamné pour un procès manifestement inéquitable* »[7]. Nous sommes donc bien en présence d'un seuil élevé qui ne saurait engendrer que fort peu de constats d'inconventionnalité. C'est le cas pour un État membre ayant remis aux autorités d'un État tiers un requérant, en l'absence de tout mandat

---

[6] CEDH 18 févr. 1999, *Waite et Kennedy c/ Allemagne*, n° 26083/94, *RTDH* 2000, p. 77, obs. H. Tigroudja.
[7] CEDH 17 janv. 2012, *Othman c/ RU*, n° 8139/09, § 233.

d'arrêt, sachant que la détention qui en résulterait serait manifestement illégale et contraire à l'article 5[8].

2. L'art. 6 Conv. EDH

À l'instar de l'article 5, l'intervention de la Cour européenne apparait marginale au stade du procès pénal et du recours à l'article 6 de la Convention. Sa jurisprudence est quasi inexistante. Il est vrai que la Convention ne contraint pas les parties contractantes à imposer leurs règles aux pays tiers. Il faut convenir que l'entraide pénale internationale n'en sera donc que fort peu impactée. Ce n'est en effet qu'en présence de circonstances exceptionnelles, là encore, que la Cour européenne estime qu'une décision d'extradition peut soulever des difficultés sous l'angle de l'article 6 de la Convention et du droit au procès équitable. La protection joue, selon la Cour, « *en cas de déni de justice flagrant* », que ce déni soit susceptible d'intervenir avant une condamnation éventuelle[9] ou que la personne ait déjà été jugée[10].

B. Un contrôle fluctuant sur le respect de la vie privée

1. Un contrôle initial protecteur

Les étrangers peuvent tirer bénéfice de la protection de l'article 8 de la Convention européenne des droits de l'homme en cas de mesure d'extradition. Il est vrai qu'une telle mesure peut assurément porter atteinte au respect de

---

[8] CEDH 13 déc. 2012, *El Masri c/ Ex-République Yougoslave de Macédoine*, n° 3963/09.

[9] CEDH 17 janv. 2012, *Othman c/ Royaume-Uni*, *ibid.* (personne susceptible d'être soumise à la torture en vue d'obtenir des preuves sur ses liens avec une organisation terroriste).

[10] CEDH 26 juin 1992, *Drozd et Janousek c/ France et Espagne*, n° 12747/87 (personne jugée par défaut et dans l'incapacité d'obtenir un nouveau procès).

leur vie privée et familiale. La protection n'est pas absolue, notamment parce que des impératifs tirés de l'ordre public peuvent légitimer certaines mesures d'éloignement. Il a toujours été jugé qu'un État peut valablement empêcher l'entrée de certains étrangers sur son territoire ou au contraire prendre des mesures d'éloignement. C'est notamment le cas lorsque l'étranger expulsé peut reconstituer ailleurs sa vie familiale[11].

En ce qui concerne plus particulièrement les immigrés dits de la deuxième génération ou des étrangers intégrés dans un pays, après leur avoir reconnu un droit quasi systématique à mener une vie familiale sur le territoire d'accueil – assimilés à des quasi nationaux –, la Cour européenne admet nettement aujourd'hui, au nom des impératifs d'ordre public interne, une marge de manœuvre plus conséquente au profit des États.

L'extradition de l'individu posant la problématique de la double peine, dans un premier temps, la Cour a pu faire preuve de bienveillance à l'égard des étrangers intégrés. Ainsi, en dépit d'un passé pénal chargé, elle a pu décider que la décision d'expulser un individu, si elle recevait exécution, violerait l'article 8[12].

---

[11] CEDH 20 mars 1991, *Cruz Varas et autres c/ Suède*, n° 15576/89.

[12] CEDH 26 mars 1992, *Beldjoudi c/ France*, n° 12083/86 (requérant qui avait commis de graves infractions pénales mais qui avait passé son existence entière en France) ; CEDH 13 juill. 1995, *Nasri c/ France*, n° 19465/92 (sourd, muet, ne pouvant trouver un minimum d'équilibre psychologique et social que dans sa famille, composé en majorité de citoyens français n'ayant eux-mêmes aucune attache avec l'Algérie).

2. Un contrôle actuel tempéré

La Cour s'est montrée ensuite plus rigoureuse[13]. Elle a considéré que l'expulsion de requérants pourtant bien intégrés dans un pays n'était pas forcément disproportionnée au but légitime poursuivi[14]. Cette jurisprudence vaut également pour les mineurs[15]. Il faut donc considérer au regard de cette jurisprudence que la gravité des infractions commises est un critère déterminant. La nature de l'infraction à l'origine de l'arrêté d'expulsion pèse en effet lourd dans la balance.

Elle a été confirmée par une décision de grande chambre[16]. La Cour rappelle le principe qu'un État, au nom de la mission de maintien de l'ordre public, dispose du droit d'expulser un étranger délinquant dans le respect des dispositions du paragraphe 2 de l'article 8. L'interdiction du territoire prononcé à l'égard d'un immigré de longue durée, à la suite d'une condamnation pénale, ne constitue pas une double peine qui serait prohibée par l'article 4 du protocole 7. Elle doit s'analyser plutôt en une mesure administrative « *revêtant un caractère préventif plutôt que punitif* ».

Néanmoins, s'il faut déduire de cette jurisprudence une réelle marge de manœuvre au profit des États, il ne convient pas pour autant d'en inférer qu'une expulsion peut systématiquement se justifier. Il s'agit certes d'une jurisprudence rigoureuse mais qui reste encadrée. D'abord, elle ne saurait

---

13 V. R. Koering-Joulin, « Mandat d'arrêt et protection des droits fondamentaux », *in* Mélanges en l'honneur de Jean Hauser, LexisNexis, 2012, p. 193.

14 Par ex. CEDH 24 avr. 1996, *Boughanemi c/ France,* n° 22070/93 (individu arrivé en France à l'âge de huit ans ou résidaient ses parents et ses frères et sœurs et qui vivait maritalement avec une Française. Comme dans les autres affaires, il avait conservé sa nationalité d'origine condamné à 4 ans de prison ferme, dont trois pour proxénétisme aggravé).

15 CEDH 29 janv. 1997, *Bouchelkia c/ France*, n° 23078/93 (mineur ayant commis un viol aggravé).

16 CEDH Gr. Ch. 18 oct. 2006, *Üner c/ Pays-Bas*, n° 4641/99.

être analysée comme conférant un droit absolu aux États d'éloigner systématiquement des étrangers du seul fait de leur passé pénal[17]. Ensuite, un arrêt important impose aux États, sur le terrain procédural, de se conformer aux mesures provisoires imposées par la Cour bien que cette obligation strictement procédurale ne vienne pas endiguer la marge de manœuvre dont disposent les États sur le fond[18].

Il faut de surcroît relever la variation jurisprudentielle sur un plan géographique, en fonction de la nature du droit en cause. La Cour n'applique pas d'obligation négative de refuser la coopération lorsque les États requis sont tous deux parties à la Convention quand il s'agit d'un droit qui n'est pas inaliénable[19], contrairement à sa jurisprudence concernant les articles 2, 3 et 4 de la Convention. À l'évidence, pour les droits considérés comme inaliénables, le rôle de la Cour s'avère plus déterminant.

---

[17] CEDH 13 févr. 2001, *Ezzouhdi c/ France*, n° 47160/99 (violation de l'article 8 pour une mesure d'interdiction définitive du territoire français pour une condamnation à une peine relativement légère de prison).
[18] CEDH 17 janvier 2006, *Aoulmi c/ France*, n° 50278/99 (personne condamnée à 6 ans de prison et expulsée quelques jours avant une audience de chambre en dépit de la demande du président de la Cour européenne de ne pas procéder à une expulsion avant que la Cour ne se prononce).
[19] Par ex. CEDH 4 mai 2010, *Stapleton c/ Irlande*, n° 56588/07.

II. Un rôle déterminant de la CEDH sur la coopération pénale internationale

A. Un contrôle avéré sur les mauvais traitements protégés par l'article 3 Conv. EDH

1. Un contrôle classique des mesures d'extradition

Sur le terrain de l'article 3, la Cour européenne estime que toute mesure d'éloignement du territoire qui peut exposer l'étranger en cause à des tortures ou à des traitements inhumains et dégradants dans le pays de destination viole l'article 3. C'est le célèbre arrêt *Soering* qui a initié cette solution régulièrement reprise par la Cour depuis[20].

La jurisprudence *Soering* a pour effet d'interdire l'extradition de toute personne vers un pays où un risque d'une violation des droits fondamentaux existe. La protection s'avère efficace dans le sens où l'étranger n'a pas à démontrer la présence d'une violation effective des droits de l'homme mais seulement une violation virtuelle. La Cour a rappelé que la protection de l'article 3 est absolue, quels que soient les agissements de la personne. Il ne peut y avoir de mise en balance des risques encourus par cette dernière en cas d'expulsion et sa dangerosité éventuelle pour la collectivité, y compris lorsqu'il s'agit de l'expulsion d'un terroriste[21].

La protection des étrangers a franchi ensuite un degré supplémentaire. La protection de l'étranger qui encourt un risque réel de subir des mauvais traitements dans le pays de destination joue désormais aussi s'il s'agit d'un État partie à

---

[20] CEDH 7 juill. 1989, *Soering c/ RU*, *JCP* 1989, I, 3452, note H. Labayle ; *RGDIP* 1990, p. 103, note F. Sudre ; *Rev. sc. Crim.* 1989, p. 786, obs. L.E. Pettiti ; *RTDH* 1990, p. 5, note W. J. Ganshof Van Der Meersch.

[21] CEDH 28 févr. 2008, *Saadi c/ Italie*, n° 37201/06 ; CEDH 24 févr. 2009, *Ben Khemais c/ Italie*, n° 246/07.

la Convention. La Cour l'a jugé à propos d'une décision d'extradition vers la Russie[22]. Cette jurisprudence est importante dans le sens où elle renforce la protection des étrangers en ne se limitant plus aux seuls cas de coopération entre un État tiers et un État partie à la Convention mais en absorbant les situations relevant de deux États parties à la Convention. Elle signifie que la Cour admet finalement que les dispositions de la Convention puissent ne pas être respectées avec la même intensité dans chaque pays membre du Conseil de l'Europe.

Cette jurisprudence joue en matière de mauvais traitements y compris en cas de risque d'infliction de châtiments corporels judiciaires. La violation de l'article 3 est encourue en effet si l'expulsion d'une requérante l'expose aux risques du prononcé d'une condamnation à mort par lapidation[23]. Elle a été confirmée pour une condamnation à un châtiment corporel[24]. La condamnation d'un châtiment corporel, en des termes qu'il faut considérer comme absolus par la Cour, est fondée sur le respect de l'intégrité de la personne, mais également sur la sauvegarde de sa dignité.

Ainsi, il faut considérer que constituent des violations de la Convention les expulsions d'étrangers vers des pays de destination dans lesquels ils seraient exposés à un risque sérieux et réel de traitements contraires à l'article 3. Cette jurisprudence peut jouer en présence d'une situation d'insécurité dans le pays de destination. Elle s'applique, dans

---

[22] CEDH 12 avr. 2005, *Chamaïev et al. c/ Géorgie et Russie*, n° 36378/02.

[23] CEDH 11 juill. 2000, *Jabari c/ Turquie*, n° 40035/98.

[24] CEDH 22 juin 2006, *D. et autres c/ Turquie*, n° 24245/03 (pour la Cour, la flagellation constitue une peine inhumaine quand bien même la requérante était susceptible de bénéficier d'un aménagement de l'exécution de la peine. En l'espèce, elle estime « qu'une éventuelle exécution par l'administration d'un seul coup de martinet et composé de 100 lanières – au lieu de 100 coups d'un martinet comprenant une seule lanière – ne confère aucunement à la peine un caractère symbolique, ni ne modifie sa qualification d'inhumaine »).

des circonstances exceptionnelles, lorsqu'une situation générale de violence peut, par son intensité même, exposer toute personne qui retourne dans le pays à un risque réel de mauvais traitements[25].

Dès lors que les risques de subir des mauvais traitements sont présents, la protection de l'article 3 joue quand bien même il existe des contradictions dans le dossier du requérant[26]. Dans une autre affaire, la Cour a pu aussi juger que les incohérences dans le récit d'un demandeur d'asile ne suffisaient pas à remettre en cause les faits qu'il alléguait[27]. Ceci étant, les menaces et les risques encourus par le requérant doivent être suffisamment avérés pour pouvoir bénéficier de la protection de l'article 3. Ainsi, la Cour ne voit pas de violation de l'article 3 quand la preuve des risques encourus de représailles n'est pas rapportée[28]. De même, un requérant ne saurait valablement invoquer le risque d'être poursuivi et condamné pour d'autres raisons que celles figurant sur la demande d'extradition. Il est en effet « *protégé par l'article 14 de la Convention européenne d'extradition, en vertu duquel il ne pourra être ni poursuivi, ni jugé, ni détenu pour un fait antérieur à la remise autre que celui ayant motivé l'extradition* »[29].

En résumé de cette jurisprudence relative aux expulsions arbitraires, il existe une double garantie pour les intéressés. Un État est condamnable s'il n'apprécie pas le risque de mauvais traitements encourus dans l'État d'accueil tant au regard de la situation générale dans le pays concerné que des circonstances propres à l'individu. En outre, l'existence d'un

---

[25] CEDH 28 juin 2011, *Sufi et Elmi c/ Royaume-Uni*, n° 8319/07 et 11449/07.

[26] CEDH 9 juill. 2015, *R.K. c. France*, n° 61264/11.

[27] CEDH 15 janv. 2015, *A.F. c/ France*, n° 80086/13.

[28] CEDH 24 sept. 2009, *M.K. c. France* (requérant algérien condamné à 9 ans pour assassinat et qui évoquait le risque de représailles de la famille de la victime originaire du même quartier que lui).

[29] CEDH 27 fév. 2014, *Zarmayev c/ Belgique*, n° 35/10 ; CEDH 11 sept. 2012, *Gökalp et Cardona Giraldo c/ Pologne*, n° 37286/09 et 2352/11.

recours effectif, au sens de l'article 13 de la Convention, est requise pour les expulsions vers des pays à risque (*i.e.* un examen sérieux et approfondi par les autorités nationales quand elles sont confrontées à des allégations de risque de mauvais traitements et effet suspensif systématique de la mesure d'éloignement)[30].

2. Un contrôle élargi à d'autres domaines couverts par l'article 3 Conv. EDH

À la suite d'une évolution de sa jurisprudence, la Cour européenne des droits de l'homme fait entrer les conditions générales de détention dans le champ de protection de l'article 3 de la Convention. Les règles pénitentiaires européennes et le comité de prévention contre la torture ont toujours préconisé que la privation de liberté devait avoir lieu dans des conditions matérielles et morales assurant le respect de la dignité humaine mais il a fallu attendre un arrêt *Kudla c/ Pologne* pour que ce principe s'inscrive dans la jurisprudence de la Cour[31]. Bien qu'en l'espèce, l'article 3 n'ait pas été considéré comme violé, cette décision a été l'occasion pour la Cour d'affirmer pour la première fois que l'accomplissement d'une peine de prison ne doit pas se soumettre « *l'intéressé à une détresse ou à une épreuve d'une intensité qui excède le niveau inévitable de souffrance inhérente à la détention* » (§ 94). Elle signifie que le secours de l'article 3 ne se limite plus dorénavant aux seuls actes de maltraitances physiques mais qu'il porte aussi sur les conditions objectives de vie en prison. Cette obligation d'offrir des conditions de détention conformes à la dignité humaine est largement consacrée par la Cour au travers de nombreux arrêts de condamnation. Il

---

[30] CEDH 11 oct. 2011, *Ouad c/ Bulgarie.*

[31] CEDH Gde ch., 26 oct. 2000, *AJDA* 2000, p. 1006, chron. J.F. Flauss ; *RFDA* 2001, p. 2001, p. 1250, chron. H. Labayle et F. Sudre ; *ibid.* 2003, p. 85, note J. Andriantsimbazovina ; *RTD civ.* 2001, p. 442, obs. J.P. Marguénaud ; *RTDH* 2002, p. 139, note J.F. Flauss ; *Rev. Sc. Crim.* 2001, p. 881, obs. F. Tulkens.

n'est guère étonnant dès lors, à l'aune de cette jurisprudence que la Cour européenne intègre l'obligation de ne pas extrader en présence de doutes sérieux sur la compatibilité des conditions de détention avec l'article 3[32]. Le raisonnement prévaut aussi en matière de peines incompressibles.

Le prononcé d'une peine perpétuelle ne heurte pas en soi l'article 3 de la Convention mais la Cour n'a jamais exclu que la condamnation à une peine perpétuelle incompressible puisse « *soulever une question sous l'angle de l'article 3* »[33]. C'est la présence d'un critère permettant de libérer le condamné qui va permettre d'assurer de compatibilité avec l'article 3. Il suffit que la peine soit « de jure et de facto *compressible* »[34]. Les critères de compatibilité d'une peine compressible avec l'article 3, au nombre de deux, ont été précisés dans un arrêt de principe. Le droit interne doit prévoir à la fois une chance d'élargissement et une faculté de réexamen.

Cette jurisprudence s'est confrontée aux cas d'extradition d'individus vers un pays où ils encourent une peine de réclusion à perpétuité. La question posée est alors de savoir si l'extradition est de nature à exposer la personne à un traitement contraire à l'article 3 de la Convention. Sans réelle surprise, la Cour a pu conclure, dans certains arrêts, qu'une extradition vers un pays où une peine de prison incompressible est encourue contrevient bien à l'article 3, dès l'instant où l'une des deux obligations – chance d'élargissement et

---

[32] CEDH 16 avr. 2013, *Aswat c/ RU*, *D.* 2013, p. 1065 ; *JCP* 2013, p. 577, obs. F. Sudre (à propos de l'extradition d'un détenu atteint de troubles psychiatriques).

[33] CEDH 29 mai 2001, *Sawoniuk c. Royaume-Uni*, n° 63716/00 ; CEDH 26 juin 2003, *9*, n° 58853/00 ; CEDH 1er févr. 2009, *Streicher c. Allemagne*, n° 40384/04.

[34] CEDH Gde ch. 12 févr. 2008, *Kafkaris c. Chypre*, n° 21906/04, § 98 ; CEDH 30 Mars 2009, *Léger c. France*, *Rev. sc. crim.* 2009, p. 654, obs. D. Roets ; CEDH 22 juill. 2014, *Čačko c. Slovaquie*, n° 49905/08.

faculté de réexamen – se trouve défaillante[35]. Une assurance de la part des autorités de nature à écarter le danger d'une condamnation à un emprisonnement à vie incompressible du requérant permet d'éviter un constat de violation de l'article 3[36]. Il en va de même en cas d'extradition de personnes non condamnées, à des fins d'interrogatoires et de détention. Il n'est pas prouvé alors, pour la Cour, qu'après leur extradition, leur incarcération ne poursuivrait pas de but légitime[37].

B. Un contrôle amplifié sur le terrain des droits fondamentaux

1. Un contrôle renforcé par l'obligation de prendre des mesures provisoires

Sur le fondement de l'article 39 de son règlement, la Cour européenne (une chambre, le président de section ou un juge de permanence compétent) peut inviter un État à prendre des mesures dites « provisoires ». Ces mesures correspondent à des mesures d'urgence commandées par une situation de risque imminent ou de dommage irréparable. Elles sont provisoires dans le sens où elles interviennent au cours de la procédure et ne présagent en rien des décisions prises ultérieurement sur la recevabilité de la requête ou sur le fond de l'affaire. Il n'est pas rare dans un dossier d'extradition ou d'expulsion, que soit justement demandée la suspension de la décision au titre de mesure provisoire.

Un examen de la jurisprudence de la Cour européenne permet de souligner que de telles mesures provisoires ne

---

35 CEDH 4 sept. 2014, *Trabelsi c/ Belgique*, n° 140/10 (violation de l'article 3 en l'absence d'un mécanisme de réexamen).

36 CEDH 3 juill. 2001, *Nivette c. France*, n° 44190/98 ; CEDH 16 oct. 2001, *Einhorn c. France*, n° 71555/01.

37 CEDH 10 avr. 2012, *Babar Ahmad et autres c/ RU*, n° 24027/07, n° 11949/08, n° 36742/08, n° 66911/09 et n° 67354/09.

sont ordonnées en règle générale que lorsque l'extradition ou l'expulsion présente soit un risque pour la vie du requérant (art. 2 de la Convention)[38] soit celui de subir des mauvais traitements (art. 3 de la Convention)[39]. La mesure provisoire revient alors à suspendre la décision d'extradition le temps de l'examen de la requête sur le fond.

Bien plus rarement, il peut arriver que des mesures provisoires concernent des demandes relatives au droit à un procès équitable (art. 6 de la Convention)[40] ou au droit au respect de la vie privée et familiale (art. 8 de la Convention)[41].

2. Un contrôle maîtrisé par l'obligation de diligenter une enquête officielle

La Cour fait peser sur les États une obligation procédurale de mener une enquête officielle, effective et approfondie afin d'identifier et de punir les responsables. L'obligation revient en somme à proposer à la victime un recours effectif au sens de l'article 13 de la Convention[42]. Or, sur le fondement de cette obligation d'enquête, la Cour européenne a dégagé une obligation positive d'entraide entre les États dans un arrêt *Rantsey c/ Chypre et Russie*[43]. Cette obligation se concrétise par un double contenu : l'obligation de solliciter le

---

[38] CEDH Gde ch. 12 mai 2005, *Öcalan c/ Turquie*, n° 46221/99.

[39] CEDH 1er sept. 2010, *Y.P. et L.P. c/ France*, n° 32476/06 ; CEDH 11 juill. 2000, *Jabari c/ Turquie,* n° 40035/98 ; CEDH 3 juill. 2001, *Nivette c/ France, op. cit.*

[40] CEDH 17 janv. 2012, *Othman c/ Royaume-Uni, op. cit.* ; V. aussi CEDH 24 avr. 2008, *Ismoilov c/ Russie,* n° 2947/06.

[41] CEDH 11 juill. 2002, *Amrollahi c/ Danemark*, n° 56811/00.

[42] Elle concerne pour l'essentiel les articles 2 et 3 de la convention, même si elle a pu plus ponctuellement être appliquée pour d'autres articles de la Convention. Par ex. pour l'art. 8, CEDH 4 déc. 2003, *M. C. c/ Bulgarie,* n° 39272/78.

[43] CEDH 7 janv. 2010, n° 25965/04 ; V. aussi CEDH 4 avr. 2017, *Guzelyurtlu c/ Chypre et Turquie*, n° 36925/07.

concours des autorités répressives d'un autre État lorsque l'affaire comporte un élément d'extranéité et qu'elle implique l'obtention de preuves situées à l'étranger et l'obligation, pour l'État requis, de s'assurer que les autorités coopèrent « *efficacement* » avec l'État requérant en lui fournissant « *son assistance, sa compétence et ses moyens* »[44]. Même si la portée de cette obligation est sujette à variation selon que les États sont tous deux parties à la Convention ou que l'affaire concerne un État tiers, ce dernier n'étant alors tenu d'aucune obligation positive au titre de la Convention, il demeure, dans tous les cas, une jurisprudence incitatrice au renforcement de la coopération interétatique en matière pénale[45].

Au final, il est clair que la Cour européenne a marqué de son emprise jurisprudentielle les relations entre les États dans le domaine de la coopération pénale. Le constat est d'autant plus fort qu'elle dépasse la zone géographique des pays membres et peut concerner des affaires impliquant des pays tiers. Mais fidèle à son approche *in concreto* et à une prise en considération de la nature du droit en cause, la Cour exerce un contrôle renforcé sur les seuls droits inaliénables. Les droits conditionnels font l'objet d'un contrôle moins poussé. Les limites à la coopération pénale internationale n'en sont donc que marginales et en tout cas, au nom du respect des valeurs essentielles des pays démocratiques et de la prééminence du droit, elles ne sauraient être réprouvées.

---

[44] CEDH 7 janv. 2010, *op. cit.* ; CEDH 31 juill. 2012, *M. et autres c/ Italie et Bulgarie*, n° 40020/03.

[45] Sur ce point, v. T. Herran, « L'emprise de la cour pénale européenne des droits de l'homme sur l'entraide répressive internationale », *op. cit.*

La place de la victime dans la coopération pénale internationale ou le retour du refoulé

Nicolas BAREÏT[1]

Évoquer la place de la victime dans la coopération pénale internationale, c'est rendre compte d'une absence.

Non pas d'une absence conjoncturelle, liée au hasard des circonstances ou au désir des victimes, mais d'une absence structurelle, découlant d'une certaine conception du procès pénal.

Les pénalistes ont, eux aussi, leur mythe d'origine. Au commencement, racontent-ils, « *dans les premiers temps de l'histoire* »[2], avant l'invention de l'État, la seule réponse à la commission d'une infraction était la vengeance de la victime ou de ses proches. La violence appelait la violence, le mal nourrissait le mal, dans un cycle infini de représailles. Pour briser ce cycle, une justice publique, étatique, a lentement

---

[1] Maître de conférences en droit privé et sciences criminelles, EDPC UPPA (ISCJ, Université de Bordeaux).

[2] R. Merle et A. Vitu, *Traité de droit criminel*, t. 1, Cujas, 6ème éd., 1988, n° 54. V. déjà R. Saleilles, « L'individualisation de la peine. Étude de criminalité sociale », Félix Alcan, Paris, 1898, p. 23 : « *tout le monde sait, ou croit savoir, que le droit pénal a commencé par la vengeance privée* ». V. encore J. Carbonnier, « Le double visage du droit pénal aux lueurs de sa triple genèse », *in* Études offertes à Claude Lombois, PULIM, 2004, p. 21.

encadré puis remplacé la vengeance privée, et la victime a progressivement été exclue de la scène pénale[3].

Cette histoire de la naissance de la justice répressive est toujours lue comme l'histoire d'un progrès de l'humanité et aujourd'hui encore, la vengeance n'est bien souvent envisagée que « *comme présupposé de son dépassement par le droit* »[4]. Développement de la justice et refoulement de la victime ont donc partie liée.

« Refoulement » n'est pas un terme trop fort[5]. À la notion de « victime » adhèrent en effet des représentations anthropologiques négatives : la violence, la souffrance, le mal. Avant d'être un mécanisme procédural, la plainte de la victime est un cri de douleur. Or, cette douleur, le système pénal a cherché à l'occulter :

- en faisant de l'action publique pour l'application des peines l'objet principal du procès pénal ;
- en réduisant ce procès à une confrontation entre un suspect et le ministère public ;

---

[3] V. N. Pignoux, *La réparation des victimes d'infractions pénales*, L'Harmattan, 2008, p. 19 ; A. d'Hauteville, « La place des victimes dans le processus pénal », *in Une certaine idée de la criminologie – Approche indisciplinaire du processus pénal*, L'Harmattan, 2013, p. 138. V. aussi A. Garapon, *Bien juger – Essai sur le rituel judiciaire*, Odile Jacob, 2010, p. 245 ; F. Desprez, *Rituel judiciaire et procès pénal*, LGDJ, Bibliothèque des sciences criminelles, 2009, n° 625, p. 446.

[4] Y. Thomas, « Se venger au forum. Solidarité familiale et procès criminel à Rome (Premier siècle av. – deuxième siècle ap. J. C.) », *in Vengeance, pouvoirs et idéologies dans quelques civilisations de l'Antiquité*, Cujas, 1984, p. 65.

[5] V. J. Laplanche et J.-B. Pontalis, *Vocabulaire de la psychanalyse*, PUF, 2007, V° « Refoulement » : « *opération par laquelle le sujet cherche à repousser ou à maintenir dans l'inconscient des représentations (pensées, images, souvenirs) liées à une pulsion. Le refoulement se produit dans les cas où la satisfaction d'une pulsion – susceptible de procurer par elle-même du plaisir – risquerait de provoquer du déplaisir à l'égard d'autres exigences* ». V. aussi J. André, *Les 100 mots de la psychanalyse*, Que sais-je ?, PUF, 2011, p. 102 : « *le refoulement tient à l'écart de la conscience un désir inadmissible, une représentation inacceptable* ».

- en refusant, comme dans certaines législations, d'attribuer à la victime le statut de partie.

Le prix à payer pour taire l'origine violente de la justice pénale, c'est donc le refoulement de la victime. L'analyse des mécanismes français de coopération pénale internationale confirme très largement ce point de vue : la victime y est considérée comme un tiers, et en tant que tel, elle n'a aucun rôle à jouer dans ces procédures.

Mais les psychanalystes le savent bien, le refoulé ne cesse de faire retour[6]. Malgré les résistances, l'inavouable trouve des voies pour revenir dans la conscience. Il en va ainsi de la victime dans les procédures pénales internationales : une tendance se développe, spécialement dans l'espace européen, pour lui accorder un rôle de partie.

I. Le refoulement de la victime dans le rôle de tiers

En principe, la victime ne joue ***aucun rôle*** dans les procédures relevant de la coopération pénale internationale. À titre général, l'article 694 du Code de procédure pénale dispose que « *les demandes d'entraide émanant des autorités judiciaires françaises et destinées aux autorités judiciaires étrangères sont transmises par l'intermédiaire du ministère de la Justice* », tandis que « *les demandes d'entraide émanant des autorités judiciaires étrangères et destinées aux autorités judiciaires françaises sont transmises par la voie diplomatique* ».

Le cadre est ainsi posé : l'entraide judiciaire internationale est une relation entre deux autorités judiciaires, c'est-à-

---

[6] V. J. Laplanche et J.-B. Pontalis, *Vocabulaire de la psychanalyse*, *op. cit.*, V° « Retour du refoulé » : « *processus par lequel les éléments refoulés, n'étant jamais anéantis par le refoulement, tendent à réapparaître et y parviennent de manière déformée sous forme de compromis* ».

dire entre deux États[7]. La victime est exclue de cette relation. Et si une personne privée, une personne physique, est concernée, c'est du suspect ou du condamné dont il s'agit – et de personne d'autre.

Plusieurs exemples tirés du Code de procédure pénale français permettent de s'en convaincre.

En matière d'extradition tout d'abord, la victime n'intervient jamais, elle est un tiers, étranger à tout le processus[8] :

- au stade de la demande d'extradition (passive), celle-ci est adressée au gouvernement français par voie diplomatique par le gouvernement requérant (art. 696-8 CPP) ;
- au stade de la procédure, la demande d'extradition est transmise au procureur général (art. 696-9 CPP), tandis que la personne réclamée, et elle seule, se voit reconnaître un certain nombre de droits (art. 696-10 CPP) ;
- le ministère public et la personne réclamée sont entendus par la chambre de l'instruction (art. 696-13 et 696-15 CPP) ; quant à l'État requérant, il peut être autorisé à intervenir sans devenir pour autant une partie (art. 696-16 CPP) ;

---

[7] Même solution au niveau de l'exécution : « *les demandes d'entraide émanant des autorités judiciaires étrangères sont exécutées par le procureur de la République ou par les officiers ou agents de police judiciaire requis à cette fin par ce magistrat. Elles sont exécutées par le juge d'instruction ou par des officiers de police judiciaire agissant sur commission rogatoire de ce magistrat lorsqu'elles nécessitent certains actes de procédure qui ne peuvent être ordonnés ou exécutés qu'au cours d'une instruction préparatoire* » (art. 694-3 CPP).

[8] La situation n'est pas différente aux termes de la Convention d'extradition conclue entre la France et le Brésil en 1996 (D. n° 2004-827 du 13 août 2004 portant publication de la convention d'extradition entre le Gouvernement de la République française et le Gouvernement de la République fédérative du Brésil, signée à Paris le 28 mai 1996, JO 21 août 2004).

- le contentieux de la mise en liberté est réservé à la personne réclamée et au ministère public (art. 696-19 CPP) ;
- au stade de l'exécution, l'extradition est autorisée par le gouvernement (art. 696-18 CPP), sans que la victime n'ait son mot à dire ;
- les recours contre l'avis de la chambre de l'instruction (art. 696-15 CPP)[9] et contre le décret d'extradition ou son retrait (art. 696-18 CPP) ne peuvent être exercés par la victime[10].

En matière de mandat d'arrêt européen ensuite, le sort de la victime est identique :

- au stade de la demande, un État membre – d'émission – sollicite l'arrestation et la remise d'une personne auprès d'un État membre – d'exécution (art. 695-11 CPP). L'émission du mandat d'arrêt relève des prérogatives du ministère public qui agit à la demande de la juridiction ou d'office (art. 695-16 CPP) ;
- au stade de la procédure, le mandat d'arrêt européen est transmis au procureur général pour qu'il l'exécute (art. 695-26 CPP). Ici encore, seule la personne réclamée se voit reconnaître un certain nombre de droits (art. 695-27 CPP) ;
- le ministère public et la personne réclamée sont entendus par la chambre de l'instruction (art. 695-30 CPP), sachant que l'État d'émission peut être autorisé à in-

---

[9] Comp. F. Fourment, « Le pourvoi en cassation contre l'avis de la chambre de l'instruction rendu en matière d'extradition et la loi du 9 mars 2004 », *in Mélanges en l'honneur du Professeur Alain Fournier*, Presses universitaires de Nancy, 2014, p. 109 et s.

[10] V. A. Huet et R. Koering-Joulin, *Droit pénal international*, Thémis, PUF, 2005, n° 273.

tervenir sans devenir pour autant une partie (art. 695-30 CPP)[11] ;

- le contentieux de la mise en liberté ne met aux prises que la personne réclamée et le ministère public (art. 696-34 CPP) ;
- au stade de l'exécution, seul le procureur général est compétent pour organiser la remise (art. 696-37 CPP) ;
- le pourvoi en cassation contre la décision de la chambre de l'instruction n'est ouvert qu'à la personne recherchée et au procureur général (art. 695-31 CPP).

Dans des procédures plus atypiques, le sort de la victime n'est pas plus enviable. Ainsi, concernant la procédure de coopération avec la Cour pénale internationale, c'est la Cour qui formule la demande d'entraide (art. 627-1 CPP) et ce sont les autorités judiciaires qui l'exécutent (art. 627-2 CPP). Devant la chambre de l'instruction comparaissent uniquement la personne réclamée et le ministère public (art. 627-7 CPP).

Hors des procédures de remise, la victime est tout aussi absente, comme l'illustrent les dispositions relatives aux procédures de décisions de gel de biens (art. 695-9-1 et s. CPP)[12].

Au bilan, la victime ne joue aucun rôle dans les procédures pénales internationales, elle est considérée comme un tiers, comme un étranger, privé de tout pouvoir d'impulsion ou de contestation.

Cet état du droit s'explique par la ***vision classique*** de la coopération pénale internationale de l'État français. La coo-

---

[11] V. B. Aubert et M. Massé, « La remise de personnes à la demande d'un Etat étranger », *in Mélanges François Julien-Laferrière*, Bruylant, 2011, p. 11.

[12] Ici encore, l'État d'émission peut être autorisé à intervenir à l'audience, sans devenir partie à la procédure (art. 695-9-22 CPP).

pération est avant tout affaire de souveraineté étatique[13]. Elle est une relation entre deux États, et elle mobilise les agents publics, voire la force publique des États concernés[14]. Elle est une relation entre deux États, à propos d'une personne suspectée ou condamnée pour avoir commis une infraction. C'est une relation triangulaire dont la victime est, pour ainsi dire, naturellement exclue.

Une telle vision de la coopération pénale internationale prolonge la vision interne du procès pénal, conçu comme un affrontement entre l'État et l'auteur de l'infraction, l'infraction étant alors analysée comme une atteinte à la souveraineté étatique[15]. La doctrine n'hésite d'ailleurs pas à écrire que « *le procès pénal aurait-il beaucoup évolué ces dernières années en s'ouvrant toujours davantage aux victimes, il ne doit pas pour autant faire de celles-ci son nouveau centre de gravité, ni au plan interne, ni au plan international* »[16]. La victime doit rester à la marge, au bord des procédures – refoulée parce que symbole d'une violence originaire que nos démocraties taisent.

Un autre argument peut être avancé : permettre à une victime de solliciter une extradition ou l'accomplissement de certains actes judiciaires alors que l'État ne le veut pas *ab initio* revient à obliger cet État à agir, et donc à remettre en cause sa souveraineté. Le souverain, c'est en effet celui qui

---

[13] V. P. Beauvais, « « Les mutations de la souveraineté pénale », *in Mélanges en l'honneur de Robert Badinter*, Dalloz, 2016, p. 74.

[14] V. H. Labayle, *La collaboration entre États dans la lutte contre la violence*, thèse Toulouse, 1981, p. 384 ; C. Ghica-Lemarchand, « La commission rogatoire internationale en droit pénal », *Rev. sc. crim.* 2003, p. 33.

[15] V. par ex. H. Donnedieu de Vabres, « Le système de la personnalité passive ou de la protection des nationaux », *RIDP* 1950, p. 517.

[16] R. Koering-Joulin, « Appréciation critique du droit français de la compétence personnelle passive », *in Mélanges dédiés à Bernard Bouloc*, Dalloz, 2006, p. 531. Comp. D. Scalia, « Le droit international pénal face aux victimes », *in La place de la victime dans le procès pénal* (dir. Y. Strickler), Bruylant, Bruxelles, 2009, p. 250 : « *Le mouvement compassionnel actuel en faveur des victimes n'aura peut-être pas été bénéfique, ni pour les victimes, ni pour la juridiction universelle* ».

ne reçoit pas d'ordre ou d'injonction[17]. La souveraineté est un talisman puissant en droit pénal international.

Aussi justifié soit-il, cet état du droit provoque toutefois des ***effets pervers***. La victime est traitée comme un tiers, étranger à la procédure, mais elle peut décider d'entrer de force dans celle-ci, de façon à obtenir par la violence ce que le droit ne lui accorde pas. Première manifestation du retour du refoulé, intempestive et incontrôlée.

C'est le cas par exemple des extraditions déguisées[18] où la victime, ou un membre de sa famille, va organiser l'enlèvement de la personne réclamée pour la conduire par la violence sur le territoire de l'État concerné pour qu'elle soit jugée. Curieusement, la jurisprudence valide les procédures issues de ces coups de force. Dans son arrêt fondateur – *Argoud* – rendu le 4 juin 1964, la Chambre criminelle de la Cour de cassation feint la résignation, mais elle est très claire : « *les conditions dans lesquelles un inculpé faisant l'objet d'une poursuite régulière et d'un titre légal d'arrestation a été appréhendé et livré à la justice, constitueraient-elles une atteinte à la loi pénale et aux principes traditionnels de notre droit, ne sont pas de nature, si déplorables qu'elles puissent apparaître, à entraîner par elles-mêmes, la nullité de la poursuite* »[19].

Ainsi l'arrestation à l'aéroport de Cayenne d'un criminel nazi opportunément refoulé par l'État bolivien ne remet pas en cause la validité de la procédure subséquente[20]. *Idem* pour

---

[17] V. E. Maulin, « Souveraineté », *in Dictionnaire de la culture juridique*, PUF, 2003, p. 1435, citant R. Carré de Malberg.

[18] V. notamment A. Huet et R. Koering-Joulin, *Droit pénal international*, *op. cit.*, n° 279 ; D. Rebut, *Droit pénal international*, Précis Dalloz, 2e éd., 2015, n° 355 ; D. Brach-Thiel, V° « Extradition », *Rép. Pén. Dalloz*, 2012, n° 50.

[19] Cass. Crim., 4 juin 1964, *Argoud*, Bull. crim. n° 192.

[20] Cass. Crim., 6 octobre 1983, *Barbie*, Bull. crim. n° 239 : « *dans la mesure où aucune procédure d'extradition n'était en cours lors de l'expulsion de* [Klaus Barbie] *par les autorités boliviennes, et où, d'ailleurs, les faits poursuivis ne sont pas exclus du domaine extraditionnel par la loi du 10 mars 1927, les articles 23 et 25 de cette loi ne peuvent trouver application et il n'existe aucun obstacle à l'exercice de*

la « récupération » par des policiers français sur l'île de Saint-Vincent de personnes suspectées de terrorisme – hors procédure d'extradition[21]. L'explication est simple : « *l'exercice de l'action publique et l'application de la loi pénale à l'égard d'une personne réfugiée à l'étranger ne sont pas subordonnés à son retour volontaire en France ou à la mise en œuvre d'une procédure d'extradition* »[22].

Dans ce contexte, la Chambre criminelle n'a aucune difficulté à admettre que l'enlèvement en Allemagne d'un individu suspecté d'avoir causé la mort de sa belle-fille – enlèvement commandité par le père de la victime – n'entraîne pas la nullité de la procédure intentée par la suite contre ce suspect. La Haute juridiction s'en lave les mains : « *les conditions dans lesquelles cette personne a été enlevée, transportée sur le territoire national et livrée à la justice n'apparaissent pas imputables, directement ou indirectement, aux autorités françaises* »[23]. C'est un blanc-seing qui est ainsi octroyé aux parties privées : vous pouvez aller chercher par la force des suspects vivant à l'étranger. Vous serez sans doute poursuivis[24] pour enlèvement, séquestration et violences aggravées mais le suspect récupéré de force pourra valablement être jugé.

Il existe néanmoins un garde-fou, indiqué dès 1964 : après le coup de force, dans la procédure remise sur les rails, le suspect devra bénéficier de la plénitude des droits de la

---

l'action publique contre l'inculpé sur le territoire national ». Solution qui se situe, selon Michel Massé, « *quelque part entre le simplisme et la tautologie* » (M. Massé, « L'affaire Barbie », *in Armée, guerre et droit pénal*, Travaux de l'Institut de sciences criminelles de Poitiers, vol. 5, 1986, p. 19).

21 Cass. Crim., 22 décembre 1987, *Amédien*, Bull. crim. n° 477.

22 *Ibid.* ; v. aussi Cass. Crim., 21 février 1995, *Carlos*, Bull. crim. n° 174.

23 Cass. Crim., 2 avril 2014, *Krombach*, Bull. crim. n° 101.

24 Dans l'affaire « *Krombach* », le père de la victime, André Bamberski, a été condamné à un an de prison avec sursis pour enlèvement et séquestration. V. à cet égard L. de Caunes, « Le professeur Mayaud et l'affaire Bamberski », *in* Mélanges en l'honneur d'Yves Mayaud, Dalloz, 2017, p. 33.

défense. Comme si les garanties procédurales accordées plus tard permettaient d'effacer, d'oublier, la violence de la remise et la mise entre parenthèses de la procédure d'extradition. « *Male captus, bene detentus* » (mal capturé, bien détenu) : telle est la morale de cette jurisprudence critiquable et critiquée[25].

Longtemps refoulée, la victime est ainsi de retour dans le jeu pénal, de façon intempestive et incontrôlée. Ne serait-il pas de meilleure politique de lui accorder un rôle officiel, de façon à éviter le recours à la violence que le refoulement de la victime était justement censé neutraliser ?

C'est la ligne que l'Union européenne a décidé de suivre depuis peu, en conférant aux victimes d'infractions le statut de partie dans certaines procédures pénales internationales.

II. Le retour de la victime dans le rôle de partie

Du point de vue chronologique, le premier mécanisme de coopération pénale internationale accordant le rôle de partie aux victimes est la ***décision de protection européenne***, issue de la loi n° 2015-993 du 17 août 2015[26].

---

[25] V. M. Massé, « L'affaire Barbie », art. préc., p. 20 : « *le droit positif, lui, en est resté à la vieille maxime «* male captus, bene detentus *» (je traduirais volontiers : mal acquis profite tout de même), solution précédemment donnée par la Chambre criminelle dans l'affaire* Argoud *et par les Israéliens dans l'affaire* Eichman, *sans que les autres États ne protestent sérieusement* » ; B. Aubert, « Les recours en matière d'entraide judiciaire pénale », *in* Études offertes à Claude Lombois, PULIM, 2004, p. 632. V. aussi J. Cazala, « L'adage *male captus bene detentus* face au droit international », *Journal du droit international* 2007, p. 837 et s.

[26] V. notamment C. Ribeyre, « Loi portant adaptation de la procédure pénale au droit de l'Union européenne : tout ça pour ça ? » ; *Dr. pén.* 2015, étude 21, p. 17 ; D. Porcheron, « Le principe de reconnaissance mutuelle au service des victimes de violences », *Rev. crit. DIP* 2016, p. 267 et s.

En vertu de l'article 696-90 du Code de procédure pénale, il s'agit de la décision émise par « *l'autorité compétente d'un État membre, appelé État d'émission, aux fins d'étendre sur le territoire d'un autre État membre, appelé État d'exécution, une mesure de protection adoptée dans l'État d'émission, imposant à une personne suspectée, poursuivie ou condamnée et pouvant être à l'origine d'un danger encouru par la victime de l'infraction, une ou plusieurs des interdictions* » prononcées (interdiction de se rendre dans certains lieux, dans certains endroits ou dans certaines zones définies dans lesquelles la victime se trouve ou qu'elle fréquente ; interdiction ou une réglementation des contacts avec la victime ; interdiction d'approcher la victime à moins d'une certaine distance, ou dans certaines conditions).

La victime est concernée au premier chef par ce type de procédure. Autant l'extradition ou le mandat d'arrêt européen visent le corps du suspect ou du condamné, autant la décision de protection européenne s'attache au corps de la victime. Celle-ci est donc logiquement, sinon par nature, partie prenante de ce mécanisme de coopération.

D'où sans surprise, la règle posée par l'article 696-91 du Code de procédure pénale : « *une décision de protection européenne peut être émise par le procureur de la République, sur demande de la victime ou de son représentant légal. La victime est informée de ce droit lorsqu'est prise à son bénéfice une des interdictions mentionnées à l'article 696-90* ».

D'où également la procédure décrite par l'article 696-104 du Code de procédure pénale : « *le juge des libertés et de la détention informe l'autorité compétente de l'État d'émission* [...] *ainsi que la victime, de toute décision de refus et en précise les motifs dans les dix jours à compter de sa décision. À cette occasion, il informe la victime qu'elle dispose d'un délai de cinq jours pour saisir la chambre de l'instruction aux fins de contester ce refus* ».

Dans cette procédure spécifique, la victime est bel et bien considérée comme une partie, car elle dispose à la fois d'un pouvoir d'impulsion et d'un pouvoir de contestation.

Un autre mécanisme, qui a vocation à devenir central dans l'espace européen, a récemment été mis en place en droit français. Il s'agit de la ***décision d'enquête européenne***, prévue par l'ordonnance n° 2016-1636 du 1er décembre 2016[27] et entrée en vigueur le 22 mai 2017[28].

Elle est définie comme la « *décision judiciaire émise par un État membre, appelé État d'émission, demandant à un autre État membre, appelé État d'exécution,* [...] *de réaliser dans un certain délai sur son territoire des investigations tendant à l'obtention d'éléments de preuve relatifs à une infraction pénale ou à la communication de preuve déjà en sa possession* » (art. 694-16 CPP). Elle peut également être utilisée pour empêcher provisoirement la destruction, la transformation, le déplacement, le transfert ou l'aliénation d'éléments de preuve, ou encore pour obtenir le transfèrement temporaire d'une personne détenue dans l'État d'exécution afin de réaliser des actes de procédure exigeant la présence de cette personne.

En d'autres termes, la décision d'enquête européenne constitue le pendant probatoire du mandat d'arrêt européen. Une différence fondamentale pourtant : la faculté d'émettre une décision d'enquête européenne appartient au procureur de la République, aux juridictions d'instruction, aux juridictions de jugement et aux juridictions d'application des peines – en un mot, aux autorités judiciaires, mais cette faculté peut

---

[27] V. J. Lelieur, « La décision d'enquête européenne, nouvel instrument d'entraide judiciaire pour la mise en état des affaires pénales », *Cahiers de la sécurité et de la justice* 2016, n° 38, p. 72 ; F.-X. Roux-Demare, « La décision d'enquête européenne ou l'adoption d'un instrument inédit de l'Europe pénale », *AJ pén.* 2017, p. 115. V. également Décret n° 2017-511 du 7 avril 2017 relatif à la décision d'enquête européenne en matière pénale (JO 9 avril 2017).

[28] Article 5 de l'ordonnance du 1er décembre 2016.

s'exercer d'office ou à la demande de la personne suspectée, ou à la demande de la victime ou de la partie civile (art. 694-20 CPP).

Voici la porte qui permet à la victime d'entrer dans la procédure internationale.

Le texte est plus précis : cette demande de la victime s'exerce dans le cadre des articles :

- 77-2 CPP (droit de demander des actes au procureur de la République) ;

- 82-1 CPP (droit de demander des actes d'instruction) ;

- 315 CPP (droit de déposer des conclusions devant la cour d'assises) ;

- 388-5 CPP (droit de demander des actes au tribunal correctionnel) ;

- 459 CPP (droit de déposer des conclusions devant le tribunal correctionnel).

Autrement dit, les droits accordés en droit interne à la victime qui sera ou qui est déjà partie civile[29] ***se prolongent sur le plan international*** par le droit de solliciter une décision d'enquête européenne. La procédure internationale reflète ici la procédure interne : la qualité de partie de la victime vaut au niveau interne comme au niveau international.

En ce sens, l'article 694-41 du Code de procédure pénale précise que « *lorsque des mesures exécutées sur le territoire national en application d'une décision d'enquête européenne auraient pu, si elles avaient été exécutées dans le cadre d'une procédure nationale, faire l'objet d'une contestation, d'une demande de nullité ou de toute autre forme de recours en application des dispositions du présent code, ces recours peuvent, dans les mêmes conditions et selon les mêmes modalités,*

---

[29] V. à cet égard S. Detraz, « La notion textuelle de "victime" en matière pénale » *in* Mélanges en l'honneur de Geneviève Giudicelli-Delage, Dalloz, 2016, p. 71.

être formés contre ces mesures par les personnes intéressées. Ces personnes sont informées de leur possibilité d'exercer ces recours lorsque cette information est prévue par les dispositions du présent code ».

Il s'agit donc de ne pas priver la victime de ses droits procéduraux sous prétexte qu'une frontière intérieure de l'Union européenne a été franchie.

C'est précisément dans cet espace juridique singulier que ces deux mécanismes – protection européenne et enquête européenne – ont été instaurés.

Ce n'est pas un hasard : l'Union européenne se veut aujourd'hui un espace respectueux des droits des victimes. En témoigne la ***directive européenne du 22 octobre 2012*** relative aux droits des victimes d'infractions pénales[30]. L'une des idées socles de cette directive est que « *la criminalité est un dommage infligé à la société et une violation des droits individuels des victimes* » (point 9). L'infraction n'est donc plus vue uniquement comme une atteinte à la souveraineté étatique, elle est également envisagée comme une atteinte aux relations interpersonnelles[31]. La victime fait désormais partie intégrante de l'équation pénale, elle ne peut plus être refoulée dans les marges de la procédure[32].

---

[30] Directive 2012/29/UE du Parlement européen et du Conseil du 25 octobre 2012 établissant des normes minimales concernant les droits, le soutien et la protection des victimes de la criminalité et remplaçant la décision-cadre 2001/220/JAI du Conseil, JOUE 14 novembre 2012, L. 315/57. V. à cet égard C. Saas, « La progression d'un statut des victimes en droit de l'Union européenne », *Cahiers de la sécurité et de la justice* 2016, n° 38, p. 88.

[31] C'est la conception défendue par les apôtres de la justice restaurative. V. ainsi H. Zehr, *La justice restaurative. Pour sortir des impasses de la logique punitive*, Labor et Fides, 2012, p. 43.

[32] V. récemment les dispositions en faveur des victimes du terrorisme prévues par la directive (UE) 2017/541 du Parlement européen et du Conseil du 15 mars 2017 relative à la lutte contre le terrorisme et remplaçant la décision-cadre 2002/475/JAI du Conseil et modifiant la décision 2005/671/JAI du Conseil, JOUE 31 mars 2017, L. 88/6 et s.

Ce retour des victimes ne signe-t-il pas une remise en cause de la souveraineté des États ? Pas nécessairement. D'abord parce que l'espace européen est un espace de liberté, de sécurité et de justice, fondé sur la confiance mutuelle entre États membres et non sur le respect absolu de leurs souverainetés : selon une formule célèbre, la coopération pénale est de moins en moins un acte de souveraineté, et de plus en plus un acte de juridiction[33]. Ensuite parce qu'il s'agit d'octroyer à la victime des prérogatives dont elle jouit en droit interne.

Faut-il aller plus loin ? Est-il, par exemple, envisageable de permettre à la victime de solliciter la remise d'une personne auprès d'un État étranger ? Pourrait-elle former des recours contre les refus d'exécution d'un mandat d'arrêt européen ? Ici, la prudence est de mise. Il convient, pour rester cohérent, de ne pas accorder à la victime des prérogatives qu'elle ne détient pas en droit interne. Or, en droit français en tout cas, la victime reste étrangère aux procédures attentatoires à la liberté individuelle (détention provisoire[34],

---

[33] V. P. Beauvais, « « Les mutations de la souveraineté pénale », art. préc., pp. 81-82.

[34]Article 137-1 CPP : « *La détention provisoire est ordonnée ou prolongée par le juge des libertés et de la détention* [...] *Hors le cas prévu par le deuxième alinéa de l'article 137-4, il est saisi par une ordonnance motivée du juge d'instruction, qui lui transmet le dossier de la procédure accompagné des réquisitions du procureur de la République* ».

Article 145 CPP : « *Le juge des libertés et de la détention saisi par une ordonnance du juge d'instruction tendant au placement en détention de la personne mise en examen fait comparaître cette personne devant lui, assistée de son avocat si celui-ci a déjà été désigné, et procède conformément aux dispositions du présent article. Au vu des éléments du dossier et après avoir, s'il l'estime utile, recueilli les observations de l'intéressé, ce magistrat fait connaître à la personne mise en examen s'il envisage de la placer en détention provisoire* [...] *Le juge des libertés et de la détention statue après un débat contradictoire au cours duquel il entend le ministère public qui développe ses réquisitions* [...] *puis les observations de la personne mise en examen et, le cas échéant, celles de son avocat* ».

contrôle judiciaire[35], assignation à résidence avec surveillance électronique[36], mandats[37]). Ainsi, la qualité de partie accordée à la victime dans le cadre d'une décision d'enquête européenne ne milite pas forcément pour qu'une qualité semblable lui soit octroyée dans le cadre d'un mandat d'arrêt européen.

La victime est donc en train d'acquérir une nouvelle place dans la coopération pénale internationale – ce qui n'est pas sans soulever une dernière interrogation : ces procédures d'entraide où la victime a désormais son mot à dire seront-elles ***efficaces*** ?

Certains États, comme le Luxembourg ou la Suisse, qui avaient ouvert largement leurs procédures d'entraide à « *tout intéressé* » ou à « *toute partie* », ont été confrontés à un afflux de recours dilatoires[38]. En sera-t-il de même en droit français ? L'avenir ne manquera pas de le dire.

---

[35] Article 137-2 CPP : « *Le contrôle judiciaire est ordonné par le juge d'instruction, qui statue après avoir recueilli les réquisitions du procureur de la République* ».
Nuance : « *lorsque la personne mise en examen est soumise à l'interdiction de recevoir, ou rencontrer la victime ou d'entrer en relation de quelque façon que ce soit avec elle […], le juge d'instruction ou le juge des libertés et de la détention adresse à celle-ci un avis l'informant de cette mesure ; si la victime est partie civile, cet avis est également adressé à son avocat* » (art. 138-1 CPP).

[36] Article 142-5 CPP : « *L'assignation à résidence avec surveillance électronique peut être ordonnée, avec l'accord ou à la demande de l'intéressé, par le juge d'instruction ou par le juge des libertés et de la détention si la personne mise en examen encourt une peine d'emprisonnement correctionnel d'au moins deux ans ou une peine plus grave* ».

[37] Article 122 CPP : mandats de recherche, de comparution, d'amener, d'arrêt (juge d'instruction), mandat de dépôt (juge des libertés et de la détention).

[38] V. B. Aubert, « Les recours en matière d'entraide judiciaire pénale », art. préc., pp. 624-625. V. par ex., pour la Suisse, l'article 80.b de la loi fédérale sur l'entraide internationale en matière pénale : « *les ayants droit peuvent participer à la procédure et consulter le dossier si la sauvegarde de leurs intérêts l'exige* », ainsi que l'article 80.h du même texte : « *ont qualité pour recourir : a. l'office fédéral ; b. quiconque est personnellement et directement touché par*

une mesure d'entraide et a un intérêt digne de protection à ce qu'elle soit annulée ou modifiée ».

Coopération judiciaire internationale en matière pénale

Synthèse des journées

France – Brésil – Suriname

Laurent DESESSARD[1]

« Le territoire guyanais connaît une délinquance spécifique en lien plus ou moins direct avec l'activité d'extraction aurifère illégale et la pêche illégale ». C'est par ces termes que Mme Christiane TAUBIRA, alors ministre de la Justice, commençait, en 2013, une circulaire de politique pénale à destination des magistrats de la cour d'appel de Cayenne[2]. Par cette circulaire, la garde des Sceaux incitait les magistrats de cette cour à recourir dès que possible aux instruments de la coopération pénale internationale pour lutter contre cette délinquance spécifique, compte tenu des caractéristiques frontalières du ressort de la Cour d'appel de Cayenne.

---

[1] Professeur à l'Université de Poitiers.

[2] Circ. du 19 févr. 2013 de politique pénale territoriale pour la Guyane, B.O.M.J. n°2013-02 du 28 févr. 2013.

Quatre ans après, la coopération pénale internationale entre la France, le Brésil et le Suriname apparaît toujours comme une nécessité si on veut lutter efficacement contre la criminalité et la délinquance qui touchent le territoire guyanais et ceux de nos deux voisins d'Amérique du Sud, comme l'a souligné dès l'ouverture de ce colloque Mme DA LUZ. À cette occasion, M. VAILLANT, procureur de la République de Cayenne, nous a d'ailleurs indiqué que la pratique de l'orpaillage illégal demeurait une problématique importante en Guyane, d'autant qu'elle engendre bien souvent d'autres comportements infractionnels comme les violences avec armes, le trafic de stupéfiants, le proxénétisme ou encore l'exploitation sexuelle des mineurs, comme nous l'a dit Mme le Procureur ASSUM DE MORAES évoquant la situation des mineurs dans la ville frontière d'Oyapoque. Tous ces autres comportements infractionnels ne sont pas, cependant, toujours à mettre en lien avec l'orpaillage illégal. La circulaire précitée le notait déjà en 2013, en soulignant l'importance des faits de violences avec armes commis dans le département de la Guyane et impliquant *« des groupes armés, souvent originaires des pays voisins »*, ainsi que l'ampleur du trafic de stupéfiants dans cette région, la Guyane étant *« un important lieu de transit pour l'acheminement de la cocaïne à destination de l'Europe »*. Et à cet ensemble de faits infractionnels, il faut encore ajouter les activités de pêche illégale dans la zone économique exclusive guyanaise, évoquées également par M. le procureur VAILLANT.

Or la lutte contre toutes ces infractions commises sur le plateau guyanais demeure complexe. Elle se heurte en effet à de nombreux obstacles et, en premier lieu, des obstacles d'ordre géographique. La densité de la forêt guyanaise, l'étendue des frontières de la France avec le Brésil et le Suriname – le Brésil est le pays qui a la plus grande frontière terrestre avec la France –, ainsi que l'étendue de la zone maritime guyanaise sont autant d'éléments qui ne facilitent guère leur appréhension et rendent d'autant plus nécessaire la coopération pénale internationale entre la France, le Brésil et le Suriname. Une coopération qui, elle-même, se heurte à plusieurs difficultés et, avant tout, des difficultés d'ordre culturel.

Pour pouvoir coopérer, il faut en effet se faire confiance. Ce qui suppose de connaître quelque peu le système pénal des États avec lesquels les magistrats sont amenés à coopérer, voire d'avoir des connaissances un peu poussées sur les règles pénales applicables dans ces États, comme le montre la problématique de la prescription en droit de l'extradition évoquée au cours de ces journées par Me KUFEL. Une connaissance assez générale peut toutefois bien souvent suffire pour se lancer dans la coopération. La présentation du système judiciaire et procédural du Suriname, par M. le professeur WALLERLEI, nous a montré que celui-ci n'était, en définitive, pas très éloigné du système français et ne devait donc pas être, en soi, un obstacle à la coopération entre la France et le Suriname. Quant au système judiciaire et procédural brésilien, décrit notamment par l'officier de liaison brésilien, M. DAHER, il présente indéniablement des particularités, car étant celui d'un État fédéral. Et il faut bien admettre que ces particularités doivent être un peu maîtrisées par les magistrats français lorsqu'ils envisagent de coopérer avec les autorités brésiliennes.

Connaître le droit et le système des autres États n'est toutefois pas suffisant pour pouvoir coopérer, il faut également connaître les instruments normatifs qui permettent de le faire et qui seront principalement, ici, d'ordre conventionnel : la coopération entre la France, le Brésil et le Suriname s'inscrivant dans le premier modèle de coopération décrit par notre collègue Thomas HERRAN, à partir du moment où elle implique des États qui appartiennent à deux régions du monde différentes, l'Europe pour la France et l'Amérique du Sud pour le Brésil et le Suriname.

Si les conventions internationales constituent la source principale de la coopération entre la France, le Brésil et le Suriname, il faut toutefois rappeler que l'existence d'une ou de conventions en ce domaine n'est pas une condition *sine qua non* à la coopération pénale internationale, de nombreux États acceptant de coopérer avec d'autres États en l'absence de convention, sur la base du principe de réciprocité. C'est le cas, en principe, de la France qui, dans cette hypothèse, fait application de ses dispositions internes sur l'entraide judiciaire internationale. Ce n'est en revanche pas toujours le cas du Suriname, qui conditionne certains actes de coopération (comme l'extradition et le transfèrement des personnes condamnées) à l'existence d'un traité, comme nous l'a dit Mme le procureur VAN DIJK. Il faut aussi rappeler, comme l'a souligné Thomas HERRAN, que dans les zones transfrontalières il n'est pas rare que se développent des formes de coopération en dehors de tout cadre formel préétabli et ce grâce aux bonnes relations qu'entretiennent les autorités policières et judiciaires locales de part et d'autre d'une frontière.

Si le principe de réciprocité ou les relations privilégiées dans les zones transfrontalières peuvent ainsi venir pallier l'absence de conventions dédiées à la coopération pénale internationale, il faut néanmoins reconnaître que l'existence d'une ou de conventions en ce domaine est toujours de nature à favoriser la coopération entre États, car seule une convention peut, par définition, engager les États à coopérer.

Mais qu'en est–il, sur ce point, entre la France, le Brésil et le Suriname ?

Les conventions applicables entre nos trois États, qui ont été citées tout au long de ce colloque, conduisent à distinguer trois situations. Entre la France et le Brésil, la coopération est *a priori* largement facilitée par l'existence de deux conventions bilatérales conclues entre ces deux États le 28 mai 1996 : une convention sur l'entraide judiciaire en matière pénale, entrée en vigueur le 1er avril 2000[3], et une convention relative à l'extradition, entrée en vigueur le 1er septembre 2004[4]. Il en est de même entre le Brésil et le Suriname, qui sont également liés par un traité d'extradition conclu le 21 décembre 2004[5] et par un traité sur l'assistance juridique mutuelle en matière pénale conclu le 16 février 2005[6], auxquels il faut ajouter un traité sur le transfèrement des personnes condamnées qui a été signé également le 16 février 2005[7], sans oublier la convention interaméricaine sur l'assistance mutuelle en matière pénale, adoptée à Nassau le 2 mai 1992 et à laquelle ont adhéré les deux États[8]. Entre la

[3] Décr. n° 2000-314 du 3 avril 2000 portant publication de la convention d'entraide judiciaire en matière pénale entre le Gouvernement de la République française et le Gouvernement de la République fédérative du Brésil, signée à Paris le 28 mai 1996, JORF du 8 avril 2000.

[4] Décr. n° 2004-827 du 13 août 2004 portant publication de la convention d'extradition entre le Gouvernement de la République française et le Gouvernement de la République fédérative du Brésil, signée à Paris le 28 mai 1996, JORF du 21 août 2004.

[5] Decreto 7.902/2013 de 04/02/2013 promulga o tratado sobre extradição entre o Governo da República Federativa do Brasil e o Governo da República do Suriname, firmado em Paramaribo, em 21 de dezembro de 2004, D.O.U. du 5/02/2013.

[6] Decreto 6.832/2009 de 29/04/2009 promulga o tratato entre o Governo da República Federativa do Brasil e o Governo da República do Suriname sobre assistência jurídica mútua em matéria penal, celebrado em Paramaribo, em 16 de fevereiro de 2005, D.O.U. de 30/04/2009.

[7] Decreto 8.813/2016 de 18/07 2016 promulga o tratado sobre transferência de pessoas condenadas entre a República Federativa do Brasil e a República do Suriname, firmado em Paramaribo, em 16 de fevereiro de 2005, D.O.U. de 10/07/2016.

[8] Le Brésil et le Suriname n'ont en revanche pas ratifié la convention interaméricaine sur l'extradition adoptée à Caracas le 25 février 1981. Sur ces conventions, V. le site Internet de l'Organisation des États Américains, www.OAS.org.

France et le Suriname, en revanche, aucune convention bilatérale comparable n'a été conclue pour le moment. Entre ces deux États, il existe, tout au plus, un accord de coopération transfrontalière en matière policière, conclu le 29 juin 2006, et qui vise, indique son article 2, à *« prévenir les faits punissables et faciliter la lutte contre la criminalité et la délinquance transfrontalières »*[9]. Cet accord de coopération policière transfrontalière n'est cependant jamais entré en vigueur, faute de sa ratification par les autorités du Surinam.

S'il n'existe pas de conventions bilatérales entre la France et le Suriname, ou du moins pas encore – le magistrat de liaison français, M. RIVAUD, nous a en effet indiqué qu'une convention d'entraide judiciaire était en voie d'être signée – certaines conventions multilatérales dites spéciales peuvent servir de fondement à la coopération entre ces deux États. La France et le Suriname sont en effet parties à la convention des Nations Unies contre le trafic illicite de stupéfiants et de substances psychotropes du 20 décembre 1988, ainsi qu'à la convention des Nations Unies contre la criminalité transnationale organisée du 15 novembre 2000. Or, dans ces deux conventions, comme l'a rappelé Mme le procureur VAN DIJK, on trouve des dispositions sur l'extradition et sur l'entraide judiciaire en matière pénale qui permettent aux deux États de coopérer en matière de trafic de stupéfiants et de criminalité organisée, c'est-à-dire dans des domaines de criminalité qui, on l'a vu, touchent tout particulièrement la Guyane. Et ces conventions multilatérales spéciales sont d'autant plus intéressantes qu'elles ont également été ratifiées par le Brésil et peuvent donc servir de fondement complémentaire à la coopération entre la France et le Brésil dans les

---

[9] V. L. n° 2008-73 du 24 janv. 2008 autorisant l'approbation d'un accord entre le Gouvernement de la République française et le Gouvernement de la République du Surinam relatif à la coopération transfrontalière en matière policière, JORF du 25 janv. 2008, et, pour le texte de cet Accord, annexe du projet de loi n°115 (2007-2008) autorisant son approbation, déposé au Sénat le 6 déc. 2008.

domaines de criminalité concernés. Entre ces deux États, d'autres conventions multilatérales spéciales peuvent d'ailleurs également fonder des demandes de coopération et en particulier la convention des Nations Unies contre la corruption du 31 octobre 2003, un domaine de criminalité pour lequel la coopération entre la France et le Brésil est essentielle, comme l'a montré l'opération Unfair Play, évoquée au cours de ce colloque par M. le procureur TEIXEIRA DINIZ, ainsi que par M. RIVAUD.

De la sorte, entre la France, le Brésil et le Suriname, il existe plusieurs instruments normatifs qui permettent, aujourd'hui, de coopérer. Une coopération qui apparaît cependant, à bien des égards, contraignante, et ce aussi bien au stade de l'émission des demandes de coopération (I) qu'au stade de leur exécution (II).

I. L'émission des demandes de coopération entre la France, le Brésil et le Suriname

Pour pouvoir émettre une demande de coopération, il faut déjà savoir ce qui peut être demandé dans le cadre de la coopération pénale internationale entre la France, le Brésil et le Suriname (A). Quel que soit l'objet de la demande, celle-ci sera cependant toujours soumise à de nombreuses modalités qui conditionneront son émission (B).

A. L'objet des demandes

Les différents instruments normatifs régissant la coopération pénale internationale entre la France, le Brésil et le Suriname permettent aux autorités compétentes de ces trois États de recourir aux actes les plus classiques de la coopération pénale internationale, mais aussi à certains actes plus innovants en la matière.

Les actes de coopération classiques. Il est possible pour les autorités compétentes de la France, du Brésil et du

Suriname de recourir aux actes de coopération que l'on peut qualifier de classiques, que sont l'extradition et les différents actes relevant de l'entraide judiciaire en matière pénale.

Les autorités compétentes de chaque État peuvent ainsi solliciter des autorités compétentes des autres États la remise d'une personne qu'elles recherchent aux fins de la poursuivre pour une infraction ou lui faire exécuter une peine, *via* la procédure d'extradition. Elles peuvent aussi leur demander, *via* l'entraide judiciaire en matière pénale, d'accomplir un acte d'enquête ou d'instruction – sous la forme de ce que l'on appelle traditionnellement une commission rogatoire internationale –, ou bien de remettre un acte de procédure ou une décision judiciaire à une personne se trouvant sur leur territoire ou encore de leur demander de transférer temporairement une personne détenue en vue d'une confrontation. Elles peuvent également, et toujours *via* l'entraide judiciaire en matière pénale, solliciter un extrait de casier judiciaire ou encore dénoncer des faits en vue qu'ils soient poursuivis dans l'État requis. En somme, tous les actes de coopération qui peuvent classiquement être utilisés entre les États membres du Conseil de l'Europe peuvent l'être également entre la France, le Brésil et le Suriname.

Entre la France et le Brésil, tous ces actes obéiront, qui plus est, à des règles très proches de celles que l'on trouve dans les conventions adoptées en ce domaine par le Conseil de l'Europe. Il est vrai, en règle générale, que les conventions bilatérales conclues par la France en matière d'extradition et d'entraide judiciaire en matière pénale s'inspirent largement des conventions du Conseil de l'Europe, que sont la convention européenne d'extradition du 13 décembre 1957 et la convention européenne d'entraide judiciaire en matière pénale du 20 avril 1959. C'est la standardisation conventionnelle évoquée par Thomas HERRAN, qui se combine alors avec l'influence d'un modèle régional sur le modèle international. Deux éléments qui se manifestent également dans les conventions conclues entre États d'Amérique du Sud : le traité sur l'assistance juridique mutuelle en matière pénale entre le Brésil et le Suriname de 2005 s'inspirant de la convention interaméricaine sur l'assistance mutuelle en matière pénale de 1992, présentée par M. le Professeur DE SOUZA COSTA.

Entre la France et le Suriname, en l'absence de conventions bilatérales, certains de ces actes de coopération classiques – mais pas tous – sont également possibles, et ce sur le fondement de la réciprocité. Mais c'est alors, à chaque fois, du cas par cas, chaque demande étant soumise aux règles prévues par le droit interne de l'État requis. Il en va en revanche différemment si les faits à l'origine de la demande constituent un trafic de stupéfiants ou un crime organisé au sens des conventions des Nations Unies précédemment citées. Dans ces deux cas, les autorités françaises et surinamaises peuvent alors parfaitement coopérer en recourant, comme il a été dit, aux dispositions de ces conventions dédiées à l'extradition et à l'entraide judiciaire en matière pénale. Les dispositions de ces conventions multilatérales spéciales peuvent de la sorte venir pallier, du moins pour partie, l'absence de conventions bilatérales entre la France et le Suriname, tout en permettant, qui plus est, de recourir à des actes de coopération plus innovants.

Les actes de coopération innovants. Plusieurs actes de coopération plus innovants peuvent en effet être utilisés pour lutter contre la délinquance et la criminalité qui touchent le plateau guyanais, ou bien dans le cadre des conventions spéciales de l'ONU auxquelles sont parties la France, le Brésil et le Suriname, ou bien dans un cadre plus informel.

Les conventions des Nations Unies contre le trafic illicite de stupéfiants et contre la criminalité transnationale organisée, ainsi que celle contre la corruption, pour la France et le Brésil, permettent aux autorités compétentes de nos trois

États de mettre en place, par exemple, des équivalents de ce que l'on appelle au sein de l'Union européenne les équipes communes d'enquête. La convention contre le trafic illicite de stupéfiants de 1988 permet, plus exactement, de créer des équipes mixtes pour renforcer la détection et la répression des trafics de stupéfiants[10]. Quant à la convention contre la criminalité transnationale organisée de 2000, elle permet d'établir des instances d'enquêtes conjointes en matière de criminalité organisée, sur la base d'accords ou d'arrangements bilatéraux ou multilatéraux mais aussi, à défaut de tels accords ou arrangements, au cas par cas[11].

Dans un cadre moins formel, des actes de coopération innovants peuvent également être utilisés dans les zones transfrontalières grâce, comme il a été dit, aux relations privilégiées que peuvent entretenir les autorités locales dans de telles zones. C'est d'ailleurs dans certaines zones transfrontalières européennes que les équipes communes d'enquêtes sont apparues au sein de l'Union européenne, avant que l'Union ne reprenne ce dispositif notamment dans la convention du 29 mai 2000 relative à l'entraide judiciaire en matière pénale entre les États membres de l'Union européenne[12]. Or il en est de même en Guyane avec les patrouilles militaires fluviales et maritimes conjointes qui ont été mises en place le long de la frontière entre la France et le Suriname, sans attendre la ratification de l'accord de coopération transfrontalière en matière policière du 29 juin 2006 permettant précisément d'instituer de telles patrouilles conjointes[13].

---

[10] V art. 9, § 1, c) de cette Convention.

[11] V. art. 19 de cette Convention et dans le même sens, en matière de corruption, art.49 de la convention des Nations Unies contre la corruption de 2003.

[12] V. art. 13 de cette Convention publiée au JOCE C 197 du 12 juill. 2000.

[13] V. art. 3 de cet Accord.

On le voit les actes de coopération classiques, comme certains plus innovants, peuvent parfaitement être utilisés entre la France, le Brésil et le Suriname. Il faut toutefois reconnaître que certains actes de coopération peuvent s'avérer difficiles dans cet espace, faute de convention internationale les prévoyant. Il en est ainsi, en particulier, du transfèrement de personnes condamnées, qui s'avère actuellement impossible entre la France et le Brésil et entre la France et le Suriname. Ce qui n'est pas sans poser de problème pour la Guyane, comme l'a souligné M. le Procureur VAILLANT, compte tenu du nombre important de condamnés surinamais et brésiliens détenus dans le centre de détention de Cayenne. Sur cet acte de coopération, on notera que M. le Professeur JAPIASSU nous a indiqué que le droit interne brésilien, par une loi sur les migrations du 24 mai 2017, était venu permettre un tel transfèrement sur la base d'une promesse de réciprocité. Il n'est pas certain cependant que le droit interne français, de son côté, l'autorise sur cette seule base. Les dispositions internes françaises sur le transfèrement des personnes condamnées semblent en effet subordonner tout transfèrement à l'existence d'une convention internationale le permettant[14]. Une telle convention pourrait toutefois exister très prochainement entre la France et le Brésil, le Brésil ayant été invité par les instances du Conseil de l'Europe, en mai 2017, à adhérer à la convention sur le transfèrement des personnes condamnées du 21 mars 1983. Dans cette attente, de nombreux actes de coopération peuvent cependant d'ores et déjà être demandés, ce qui suppose néanmoins de respecter certaines modalités.

B. Les modalités des demandes

Plusieurs modalités doivent en effet être respectées lorsque des magistrats veulent formuler une demande de coopération. Elles portent, d'une part, sur le contenu des

---

[14] V. art. 728-2 et s. C. pr. pén.

demandes et partant sur leur rédaction, et, d'autre part, sur leur mode de transmission.

Les modalités de rédaction des demandes. Les demandes de coopération entre la France, le Brésil et le Suriname doivent toujours contenir un certain nombre d'informations, mais aussi être accompagnées de certains documents et/ou de certaines pièces de procédure, afin de permettre aux autorités compétentes de l'État requis de les exécuter. Des informations, documents et pièces qui doivent, qui plus est, être bien souvent traduits dans la langue de l'État requis, ou, pour le moins, être accompagnés d'une traduction, voire être certifiés. Toutes ces exigences ne sont cependant pas spécifiques aux demandes de coopération entre la France, le Brésil et le Suriname et elles doivent bien souvent être respectées également lorsqu'elles sont adressées entre les autorités compétentes des États membres de l'Union européenne. Toutefois, au sein de l'Union européenne, la rédaction des demandes de coopération est, aujourd'hui, largement facilitée par l'existence de formulaires types, de trames, comme l'a indiqué Mme le procureur adjoint ARNAL, que les autorités compétentes vont utiliser lorsqu'elles émettent, par exemple, un mandat d'arrêt européen ou une décision d'enquête européenne. Il n'existe cependant rien de tel pour les demandes de coopération adressées entre la France, le Brésil et le Suriname, les autorités compétentes devant dès lors rechercher les informations à fournir et les formalités à respecter pour rédiger leur demande de coopération en bonne et due forme.

Lorsqu'une convention est applicable, les informations à fournir et les formalités à respecter sont, le plus souvent, précisées par celle-ci. Les dispositions des deux conventions bilatérales conclues entre la France et le Brésil apportent ainsi toutes les indications utiles à la rédaction d'une demande de coopération entre ces deux États[15]. Et il en est de même des conventions bilatérales conclues entre le Brésil et le Suriname, ainsi que des dispositions sur l'entraide judiciaire des conventions multilatérales spéciales de l'ONU[16]. En revanche, les dispositions sur l'extradition de ces conventions spéciales n'apportent pas de telles précisions et se contentent de renvoyer au droit interne de l'État requis. En l'absence de convention applicable ou de dispositions conventionnelles dédiées au contenu des demandes, tout dépend alors des exigences de l'État requis, lesquelles peuvent être formulées par son droit interne[17].

La détermination du contenu des demandes de coopération et partant leur rédaction est, en conséquence, plus ou moins aisée. Il s'agit pourtant d'un aspect essentiel : une demande de coopération incomplète, imprécise ou mal rédigée risque en effet de ne jamais être exécutée. Pour éviter toute déconvenue, il peut alors être pertinent de recourir à ces interlocuteurs privilégiés que sont les magistrats de liaison et les officiers de liaison. M. RIVAUD nous a d'ailleurs indiqué que le magistrat de liaison pouvait aider à la rédaction des demandes de coopération et, par là même, s'assurer en amont que ces demandes pourront être mises à exécution par les autorités de l'État requis, avant même qu'elles ne soient transmises.

Les modalités de transmission des demandes. Concernant les modalités de transmission des demandes de coopération, Mme ARNAL a souligné qu'elles avaient été largement simplifiées au sein de l'Union européenne. Dans

---

[15] V. art. 10 et 20 de la convention d'extradition entre la France et le Brésil et art. 13, 15 et 16 de la convention d'entraide judiciaire en matière pénale entre ces deux États.

[16] V. art. 7 de la convention contre le trafic illicite de stupéfiants de 1988 et art. 18 de la convention contre la criminalité transnationale organisée de 2000.

[17] V. par ex., en droit français, pour les demandes d'extradition, art. 696-8 C. pr. pén.

cet espace, nombre de demandes peuvent, aujourd'hui, être transmises directement entre l'autorité judiciaire compétente pour les formuler à l'autorité judiciaire compétente pour les exécuter. Il en est ainsi du mandat d'arrêt européen, comme le rappelle, en droit français, l'article 695-15 du code de procédure pénale en disposant que *« Lorsque la personne recherchée se trouve en un lieu connu sur le territoire d'un autre État membre, le mandat d'arrêt européen peut être adressé directement à l'autorité judiciaire d'exécution »*. Et il en est de même de la décision d'enquête européenne, laquelle aux termes de l'article 694-23 du code de procédure pénale *« est transmise directement aux autorités compétentes de l'État d'exécution »*. Mais il en va, là encore, différemment pour les demandes adressées entre la France, le Brésil et le Suriname.

Entre nos trois États, les modalités de transmission des demandes de coopération demeurent en effet classiques et donc contraignantes. Les demandes de coopération doivent ainsi, bien souvent, transiter par la voie la plus longue qu'est la voie diplomatique. Lorsqu'aucune convention n'est applicable, ce qui est le cas entre la France et le Suriname, les demandes adressées à la France doivent de la sorte toujours transiter par les ministères des affaires étrangères concernés, qu'il s'agisse des demandes d'extradition[18] ou des demandes d'entraide judiciaire en matière pénale[19].Il en est de même des demandes d'extradition adressées entre la France et le Brésil, ainsi qu'entre le Brésil et le Suriname, conformément aux dispositions en ce sens des deux conventions bilatérales d'extradition[20]. Un mode de transmission moins lourd est en revanche prévu pour les demandes d'entraide judiciaire

---

[18] L'art. 696-8 C. pr. pén. indique ainsi que « *toute demande d'extradition est adressée au gouvernement français par voie diplomatique* ».

[19] L'art. 694, 2°, C. pr. pén. prévoit en effet que « *les demandes d'entraide émanant des autorités judiciaires étrangères et destinées aux autorités judiciaires françaises sont transmises par la voie diplomatique* ».

[20] V. art. 9 de la convention d'extradition entre la France et le Brésil et art. 8 du traité d'extradition entre le Brésil et le Suriname.

adressées entre la France et le Brésil et entre le Brésil et le Suriname, les deux conventions bilatérales prévoyant une transmission de ministère de la Justice à ministère de la Justice ou au procureur général dans le cas du Suriname[21]. C'est ce que nos collègues et magistrats brésiliens appellent l'aide directe. Le traité sur l'assistance juridique mutuelle en matière pénale entre le Brésil et le Suriname permet même des transmissions plus rapides en cas d'urgence[22], à la différence de la convention d'entraide judiciaire entre la France et le Brésil, convention qui apparaît sur ce point plus contraignante que les dispositions internes françaises en ce domaine[23].

Les modalités de transmission des demandes de coopération entre la France, le Brésil et le Suriname apparaissent ainsi assez contraignantes, notamment au regard de celles applicables aujourd'hui au sein de l'Union européenne. Il convient néanmoins de relativiser les inconvénients que peuvent engendrer ces modalités de transmission. Une transmission directe permet, certes, d'accélérer les processus de coopération. Mais, pour ce faire, encore faut-il que chaque autorité judiciaire sache à qui envoyer une demande de coopération, que chaque autorité judiciaire puisse identifier l'autorité compétente dans l'État requis pour exécuter sa demande. Au sein de l'Union européenne, où les transmissions directes sont devenues la règle, les autorités judiciaires ont à leur disposition un outil qui permet précisément une

---

21 V. art. 14 de la convention d'entraide judiciaire en matière pénale entre la France et le Brésil et art. 2 du traité sur l'assistance juridique mutuelle en matière pénale entre le Brésil et le Suriname.

22 V. art. 5 de ce traité.

23 Si, hors convention, les dispositions internes françaises prévoient en effet une transmission des demandes d'entraide par la voie diplomatique, ces dispositions permettent, en cas d'urgence, une transmission directe entre autorités compétentes, V. art. 694-4 C. pr. pén. Une possibilité qui n'est pas prévue en revanche par la convention d'entraide judiciaire franco-brésilienne.

telle identification et partant facilite les transmissions directes, à savoir l'atlas judiciaire élaboré par le réseau judiciaire européen. Mais, en l'absence d'un tel outil, il est plus difficile pour les magistrats de terrain de se passer des autorités centrales pour adresser leur demande de coopération et partant d'envisager une transmission directe des demandes entre autorités judiciaires compétentes. Une telle transmission, au moins des demandes urgentes, pourrait néanmoins être envisagée ou développée entre nos trois États, avec l'aide, là encore, de ces interlocuteurs privilégiés que sont les magistrats de liaison et les officiers de liaison. Ces magistrats ou officiers de police, en étant détachés dans un autre État, sont en effet bien placés pour renseigner les autorités compétentes de leur État d'origine sur les autorités compétentes pour exécuter une demande de coopération dans leur État de détachement. Des magistrats ou officiers de liaison qui peuvent d'ailleurs également faciliter l'exécution des demandes de coopération.

II. L'exécution des demandes de coopération entre la France, le Brésil et le Suriname

Au stade de leur exécution, les demandes de coopération échappent, logiquement, aux autorités compétentes de l'État requérant et ce sont les autorités compétentes de l'État requis qui exécuteront les actes demandés en appliquant leurs règles procédurales (A). À ce stade, elles devront également veiller à ce que les droits des parties et plus largement les droits fondamentaux soient respectés (B).

A. L'application des règles procédurales de l'État requis

Les demandes de coopération sont toujours, en principe, exécutées par les autorités compétentes de l'État requis, conformément aux règles procédurales prévues par le droit interne de cet État. En matière d'extradition, il en est ainsi même lorsqu'une convention est applicable, les conventions d'extradition se contentant bien souvent de renvoyer au droit de l'État requis le soin de fixer la procédure à suivre pour mettre à exécution une demande d'extradition. C'est ce que prévoit, par exemple, la convention bilatérale d'extradition entre la France et le Brésil qui, en son article 21, prévoit que *« La législation de l'État requis est la seule applicable aux procédures d'arrestation provisoire, d'extradition et de transit, sauf disposition contraire de la présente Convention »*. Cette importance donnée aux règles procédurales de l'État requis en matière d'extradition vaut également pour l'exécution des demandes d'entraide judiciaire en matière pénale et notamment lorsque ces demandes visent à effectuer un acte d'investigation. Il est en effet de principe qu'un tel acte ne peut être alors accompli que par les autorités compétentes de l'État requis et selon la loi interne de cet État, deux principes qui ne sont pas sans présenter certains inconvénients.

La compétence des autorités de l'État requis. En matière d'entraide judiciaire, l'acte demandé doit, en principe, toujours être accompli par les autorités compétentes de l'État requis. C'est la notion de souveraineté qui justifie un tel principe, les autorités policières comme les autorités judiciaires d'un État ne pouvant accomplir d'actes sur le territoire d'un autre État, mis à part dans le cadre d'une équipe mixte ou d'une instance d'enquête conjointe, où la compétence de ces autorités apparait toutefois limitée, puisque étant alors exercée sous le contrôle des autorités locales et ne pouvant prendre la forme d'un acte coercitif. Ce principe d'exécution des actes d'entraide par les autorités locales peut cependant présenter des inconvénients. Par exemple, lorsqu'une demande d'entraide a pour objet l'audition d'une personne, les autorités de l'État requis ne connaissent pas le dossier et peuvent donc ne pas poser toutes les questions qui seraient utiles à l'autorité judiciaire de l'État requérant. Pour éviter ce genre d'inconvénients, il n'est pas rare que les conventions d'entraide judiciaire en matière pénale permettent aux autorités de l'État requérant d'être présentes lors de l'exécution de la demande, comme l'a indiqué M. RIVAUD. Une telle présence peut, par exemple, être envisagée pour les demandes adressées entre la France et le Brésil sur le fondement de l'article 4 de la convention d'entraide judiciaire en matière pénale conclue entre ces deux États. Notons toutefois qu'une telle présence supposera une demande expresse en ce sens de la part des autorités de l'État requérant et que cette présence sera toujours soumise au bon vouloir des autorités de l'État requis, comme l'indique d'ailleurs l'article 4 de la Convention précitée. Si l'État requis consent à la présence des autorités de l'État requérant, il faut bien noter, en outre, qu'il ne s'agit alors pour ces autorités que d'assister à l'exécution de la demande, seules les autorités locales pouvant accomplir l'acte demandé. Cette présence des autorités de l'État requérant peut néanmoins être particulièrement utile. Dans notre exemple d'une demande d'audition, on peut imaginer que les autorités de l'État requérant puissent alors « souffler » aux autorités de l'État requis les questions à poser à la personne auditionnée.

L'application de la loi interne de l'État requis. En matière d'entraide judiciaire, l'acte demandé sera par ailleurs exécuté, en principe, selon la loi interne de l'État requis. Un aspect qui n'a pas été évoqué au cours de ce colloque et qui pourtant paraît essentiel. L'exécution de toute demande entraide obéit en effet au principe *locus regit actum*, principe que l'on trouve formulé dans les conventions d'entraide judiciaire en matière pénale conclues entre la France et le Brésil et entre le Brésil et le Suriname[24]. Ce principe est également

[24] L'art. 3, § 1, de la convention franco-brésilienne prévoit ainsi que « *L'État requis fera exécuter, dans les formes prévues par sa législation, les demandes d'entraide relatives à une affaire pénale qui lui seront adressées par les autorités judiciaires de l'État requérant et qui ont pour objet d'accomplir des actes d'enquête ou d'instruction ou de communiquer des pièces à conviction, des dossiers ou des*

affirmé par les dispositions sur l'entraide judiciaire des conventions des Nations Unies contre le trafic illicite de stupéfiants et la criminalité transnationale organisée[25]. Et il est enfin rappelé par les dispositions internes françaises en matière d'entraide judiciaire internationale[26]. Or ce second principe d'exécution peut, lui aussi, présenter des inconvénients. Il est tout à fait possible qu'un acte d'entraide réalisé selon les règles procédurales prévues par le droit de l'État requis n'ait aucune valeur juridique dans l'État requérant dès lors qu'il n'a pas été réalisé conformément aux règles procédurales prévues par le droit de cet État. C'est pourquoi les instruments modernes en matière de coopération permettent de déroger à ce principe. Dans la convention sur l'entraide judiciaire en matière pénale franco-brésilienne – convention il est vrai très classique et calquée sur la convention européenne d'entraide judiciaire en matière pénale de 1959 –, les possibilités de dérogation s'avèrent extrêmement limitées. Il est prévu tout au plus au paragraphe 2 de l'article 3 de cette Convention que *« Si l'État désire que les témoins ou les experts déposent sous serment, il en fera expressément la demande et l'État requis y donnera suite si sa législation ne s'y oppose pas »*. En revanche, les possibilités de dérogation à la loi du for sont plus importantes dans la convention bilatérale conclue entre le Brésil et le Suriname et dans les conventions multilatérales spéciales des Nations Unies. En effet, les dispositions sur l'entraide judiciaire de ces différentes conventions, après avoir rappelé le principe *locus regit actum*, précisent toujours que toute demande est exécutée « *conformément aux procédures spécifiées dans la demande* » dans la mesure où cela est possible

---

documents ». V., dans le même sens, art. 7, § 1 du traité entre le Brésil et le Suriname.

[25] L'art. 18, § 12, de la convention contre la criminalité transnationale organisée de 2000 indique ainsi que « *Toute demande est exécutée conformément au droit interne de l'État Partie requis* ».

[26] L'art. 694-3, al. 1er, C. pr. pén. dispose en effet que « *Les demandes d'entraide émanant des autorités judiciaires étrangères sont exécutées selon les règles de procédure prévues par le présent code* ».

et ne contrevient pas à la législation de l'État requis[27]. Une solution que l'on retrouve en droit interne français au sein de l'article 694-3 du code de procédure pénale qui prévoit que *« si la demande d'entraide le précise, elle est exécutée selon les règles de procédure expressément indiquées par les autorités compétentes de l'État requérant, à condition, sous peine de nullité, que ces règles ne réduisent pas les droits des parties ou les garanties procédurales prévus par le présent code »*. Il en résulte que si une demande d'entraide peut être exécutée en France conformément aux règles de l'État requérant, une telle exécution ne saurait aller à l'encontre des droits des parties ou des garanties procédurales prévus par le code de procédure pénale français, autre contrainte à respecter au stade de l'exécution des demandes d'entraide.

B. Le respect des droits fondamentaux

L'exécution de toute demande de coopération doit également se faire en conformité avec les droits des parties et plus largement dans le respect des droits fondamentaux. Une telle exigence – sur laquelle les avocats peuvent se fonder pour construire la défense d'une personne recherchée ou suspectée, comme nous l'ont indiqué Me KUFEL et M. le Professeur RIBEIRO PORTILHO – est imposée non seulement par les instruments normatifs régissant la coopération entre la France, le Brésil et le Suriname, mais aussi par la jurisprudence.

Une exigence formulée par les instruments normatifs de coopération. Le respect des droits fondamentaux apparaît comme une condition d'exécution des demandes de coopération dans la plupart des instruments normatifs applicables entre la France, le Brésil et le Suriname.

---

[27] V. art. 7, § 2, du traité sur l'assistance juridique mutuelle en matière pénale entre le Brésil et le Surinam et, par ex., art. 18, § 12, de la convention contre la criminalité transnationale organisée de 2000.

En matière d'extradition, Me KUFEL l'a évoqué, la convention conclue entre la France et le Brésil prévoit en effet que *« l'extradition ne sera pas accordée* [...] *si la personne réclamée devait être jugée dans l'État requérant par un tribunal n'assurant pas les garanties fondamentales de procédure et de protection des droits de la défense »*. Et ce motif de refus est également prévu par les dispositions internes françaises sur l'extradition à l'article 696-4 du code de procédure pénale. Dans le domaine de l'entraide judiciaire en matière pénale, on ne trouve pas en revanche un motif de refus aussi explicite. Mais les différents instruments normatifs régissant l'entraide judiciaire en matière pénale entre la France, le Brésil et le Suriname permettent toujours à l'État requis de refuser l'exécution d'une demande d'entraide s'il considère qu'elle est de nature à porter atteinte à sa souveraineté, à sa sécurité, à son ordre public ou à d'autres intérêts essentiels[28]. Or le non-respect des droits de l'homme et des garanties fondamentales par l'État requérant peut venir justifier un motif de refus de la coopération au nom de l'ordre public de l'État requis.

Il en résulte que l'exécution d'une demande de coopération peut toujours être refusée si l'État requis considère que les droits fondamentaux ne sont ou ne seront pas respectés par l'État requérant, du moins s'il s'agit des droits fondamentaux de la personne recherchée ou suspectée. En effet, comme l'a indiqué Nicolas BAREÏT, la victime n'a, classiquement, aucune place dans la coopération pénale internationale, et ce n'est que récemment que certains instruments de coopération particulièrement innovants (décisions de protection européenne et décisions d'enquête européenne) ont donné une place à la victime et partant leur ont reconnu certains droits. Ces instruments sont cependant propres à l'Union européenne et à un espace de coopération beaucoup plus abouti que celui constitué par la France, le

---

[28] V., par ex, art. 4, b), du traité sur l'assistance juridique mutuelle en matière pénale entre le Brésil et le Suriname.

Brésil et le Suriname. Dans cet espace de coopération qui demeure classique ce sont uniquement les droits de la personne recherchée ou suspectée qui sont protégés par les différents textes précédemment évoqués, mais aussi par la jurisprudence.

Une exigence imposée par la jurisprudence. Si les instruments normatifs de coopération applicables entre la France, le Brésil et le Suriname font du non-respect des droits fondamentaux un motif de non-exécution des demandes de coopération, c'est bien évidemment aux juridictions des États concernés par ces demandes de veiller à un tel respect. Dans cette perspective, les juridictions de l'État requis ont alors une place essentielle, mais qui n'est pas pour autant exclusive, d'autres juridictions pouvant également assurer un tel contrôle.

Les juridictions de l'État requis ont, logiquement, un rôle premier à jouer quant au respect des droits fondamentaux au stade de l'exécution des demandes de coopération. Les juridictions de l'État requis peuvent ainsi s'opposer à l'exécution d'une demande d'extradition en se fondant sur les dispositions conventionnelles ou internes faisant du non-respect des droits fondamentaux par l'État requérant un motif de refus de l'extradition[29]. Mais il peut en être de même en matière d'entraide judiciaire, comme le montre la jurisprudence française[30]. La Cour de cassation française a en effet admis la compétence des juridictions nationales pour apprécier la régularité des actes d'entraide réalisés en France à la demande d'une autorité étrangère, au regard des règles

---

[29] Encore faut-il cependant que les autorités judiciaires de l'État requis le vérifient, V., en ce sens, Cass. crim. 21 oct. 2014, n°14-85.257, *Bull. crim.*, n° 213 et notre commentaire, *Rev. pénit.*, 2015, p. 413 et s.

[30] Sur cette jurisprudence, V. F. Desportes, « Coopération judiciaire en matière pénale panorama de la jurisprudence de la Chambre criminelle », Rapport de la Cour de cassation 1999 et notre étude, « Le contrôle des demandes d'entraide judiciaire et de leur exécution », *Rev. pénit.*, 2003, p. 573 et s.

procédurales françaises et donc au regard des droits que ces règles garantissent[31]. Un tel contrôle est même expressément envisagé en droit français si l'État requérant demande aux autorités françaises à ce que l'acte demandé soit exécuté selon ses propres règles de procédure, puisque, dans un tel cas, l'article 694-3 du code de procédure pénale exige, à peine de nullité, que ces règles ne réduisent pas les droits des parties ou les garanties procédurales prévus par le code de procédure pénale.

D'autres juridictions peuvent cependant également veiller au respect des droits fondamentaux en matière de coopération pénale internationale. Il peut en être ainsi des juridictions de l'État requérant. La Cour de cassation française a en effet admis que les juridictions françaises, en tant que juridictions de l'État requérant, pouvaient apprécier la régularité des actes d'entraide réalisés à l'étranger, selon la loi étrangère, au regard des droits de la défense et des principes généraux du droit[32]. Selon un conseiller à la Cour de cassation, il s'agit par là même de veiller à ce que les principes et droits qui transcendent les législations internes, comme ceux proclamés à l'article 6 de la convention européenne des droits de l'homme, sont bel et bien respectés[33]. Outre les juridictions de l'État requérant, les juridictions régionales peuvent également exercer un contrôle en ce domaine. Si, comme nous l'a indiqué le Professeur DE SOUZA COSTA, la Cour interaméricaine des droits de l'homme n'a pas rendu de décisions significatives en matière de coopération pénale internationale, il en va différemment de la Cour européenne des droits de l'homme qui a rendu plusieurs décisions en ce domaine, évoquées par Jean-Paul CERE, et notamment des décisions concernant l'exécution de demandes de coopéra-

---

[31] V. Cass. crim. 24 juin 1987, n°96-85.581, *Bull. crim.*, n° 252.

[32] V. Cass. crim. 4 nov. 1997, n° 97-83.463, *Bull. crim.*, n° 366 et, plus récemment, Crim. 4 oct. 2017, n° 17-81.291.

[33] F. Desportes, *op. cit.*

tion émanant d'États non-membres du Conseil de l'Europe. Depuis l'arrêt *Soering contre Royaume-Uni* du 7 juillet 1989, on sait ainsi que l'exécution d'une demande d'extradition émanant d'un État tiers peut être jugée contraire à la Convention européenne des droits de l'homme si, dans cet État tiers, les droits de la personne recherchée ne sont pas sauvegardés. Il en résulte que le droit européen des droits de l'homme peut alors venir limiter la coopération internationale en matière pénale, du moins si l'exécution d'une demande de coopération est susceptible de porter atteinte aux droits inaliénables de la Convention et en particulier au droit de ne pas subir un traitement inhumain et dégradant. Le droit européen des droits de l'homme peut ainsi venir limiter la coopération, mais pas nécessairement. Il peut en effet parfois obliger les États – en tout cas ceux qui sont parties à la Convention – à coopérer depuis l'arrêt de la Cour européenne des droits de l'homme du 7 janvier 2010, *Rantzev contre Chypre et Russie*, comme nous l'a rappelé également Jean-Paul CERE.

La question des droits fondamentaux apparaît de la sorte comme une question centrale dans le domaine de la coopération pénale internationale. Il en est ainsi au sein de l'Union européenne où les instruments de coopération fondés sur la reconnaissance mutuelle supposent un tel respect pour se concrétiser. Il en est ainsi également au sein d'un espace de coopération constitué de la France, du Brésil et du Suriname où le respect des droits fondamentaux est tout aussi essentiel pour créer ce fameux climat de confiance évoqué au début de cette synthèse, ce fameux climat de confiance nécessaire au développement de toute forme de coopération.

Table des matières

AVANT-PROPOS **9**

1ERE PARTIE LA COOPERATION JUDICIAIRE INTERNATIONALE EN MATIERE PENALE : APPROCHE THEORIQUE **11**

Thomas HERRAN

COOPERATION(S) PENALE(S) INTERNATIONALE(S) : DIVERSITE OU UNITE ? **13**

I. L'EXISTENCE DE MODELES DE COOPERATION 23

A. Le modèle de coopération internationale *23*

1. La complémentarité entre les conventions multilatérales et bilatérales 24

2. La standardisation conventionnelle 25

B. Les modèles de coopération régionale *28*

1. La confiance mutuelle 28

2. Les nécessités frontalières 31

II. LE RAPPROCHEMENT DES MODELESDE COOPERATION 33

A. Les facteurs endogènes du rapprochement *33*

1. La souveraineté nationale 33

2. Les droits fondamentaux 34

B. Les facteurs exogènes de rapprochement *36*

1. Les influences entre les deux modèles régionaux 37

2. Les influences réciproques entre les modèles international et européen 38

Carlos Eduardo A. JAPIASSU

LES MODALITES DE COOPERATION PENALE INTERNATIONALE EN DROIT BRESILIEN **41**

A. L'extradition *42*

B. *La commission rogatoire* ... *43*
C. *L'homologation d'une sentence pénale prononcée à l'étranger* . *43*
D. *Le transfèrement aux fins d'exécution de la peine* ... *44*
E. *L'entraide judiciaire* ... *45*
F. *Coopération avec la Cour pénale internationale* ... *46*
Conclusion ... *46*

2EME PARTIE LA COOPERATION JUDICIAIRE INTERNATIONALE EN MATIERE PENALE : APPROCHE PRATIQUE ... **47**

Jean-Philippe RIVAUD
Caroline GONTRAN

LE MAGISTRAT DE LIAISON, FACILITATEUR DE LA COOPÉRATION JUDICIAIRE ... **49**

I. UN STATUT MIXTE, ENTRE MAGISTRATURE ET DIPLOMATIE ... 51
II. LE RÉSEAU DES MAGISTRATS DE LIAISON ... 53
III. LES ATTRIBUTIONS DU MAGISTRAT DE LIAISON DANS LE DOMAINE DE L'ENTRAIDE PÉNALE ... 54
A. *En amont, la rédaction des demandes d'entraide aux fins d'enquête et des demandes de remise de personnes* ... *56*
B. *En aval, le suivi de l'exécution de la demande d'entraide* ... *58*
IV. L'AVENIR DU RÉSEAU DES MAGISTRATS DE LIAISON ... 60

Silvio Antonio MARQUES

L'EXECUTION DES DECISIONS PENALES ETRANGERES AU BRESIL ... **63**

I. L'ABSENCE DE REGLES DE COOPERATION JURIDIQUE DIRECTE ... 67
II. LES NORMES DE PROTECTION DES NATIONAUX BRESILIENS ... 72
III. L'EFFICACITE LIMITEE DES JUGEMENTS ETRANGERS QUI IMPOSENT DES PEINES PRIVATIVES DE LIBERTE ... 75
IV. LE NOUVEAU SYSTEME BRESILIEN D'EXECUTION DE JUGEMENTS PENAUX ETRANGERS ... 79

Clayton WALLERLEI

THE SURINAMESE CRIMINAL JUSTICE SYSTEM 83

I. THE SURINAMESE CODE OF CRIMINAL PROCEDURES 85
A. Characteristics of the code of criminal procedures 85
B. Division in the code 86
C. Major procedural law reforms 87
1. The age of the code 87
2. The impact of international human rights instruments 88
D. Procedural criminal law in other acts and international instruments 89
II. THE MAIN ORGANS OF THE CRIMINAL JUSTICE SYSTEM 90
A. The police force 90
1. Organization of the police 90
2. Powers of the police force 91
3. Supervision over the police 92
B. The Prosecution Service 93
1. Organization of the Prosecution Service 93
2. Main duties and power of the Prosecution Service 93
3. Political accountability 95
C. The courts 96
1. Lay participation 97
2. Jurisdiction 97
3. Composition of criminal courts 97
4. The Court of Appeal 98
D. The prison service 98
III. ISSUES OF CRIMINAL LAW 99
A. Definition of criminal offence 99
B. Principle of legality 100
C. Classification of offences 101
D. Minimum age of criminal responsibility 101
E. Culpability 101
F. Justification and excuses 102
IV. ISSUES OF PROCEDURAL LAW 103
A. Pre-trial investigation 103
B. Police investigation 104
C. Examining judge 104
D. Prosecutorial decisions 105
E. Arrest and detention before and pending trail 105
1. Police custody 106
2. Remand in custody 107
3. Remand detention 107
4. Detention pending trail 107

F. *The right to challenge detention* 108
G. *Rights of the defense counsel during the pre-trail stage* 109
H. *The trial phase* 109
I. *Court decisions* 110
J. *Legal remedies against court decisions* 111
K. *Trail in absence of the accused* 111
L. *Rules of evidence* 111
M. *Statutory means of evidence* 112
N. *Rules on gathering evidence* 113

3EME PARTIE LES DROITS DES PARTIES DANS LES MECANISMES DE COOPERATION JUDICIAIRE INTERNATIONALE 115

Jean-Paul CÉRÉ

LES LIMITES A LA COOPERATION JUDICIAIRE INTERNATIONALE EN MATIERE PENALE PAR LE JEU DU DROIT EUROPEEN DES DROITS DE L'HOMME 117

I. UN ROLE MARGINAL DE LA CEDH SUR LA COOPERATION PENALE INTERNATIONALE 119
A. *Un contrôle exceptionnel sur le terrain procédural* 119
1. L'article 5 Conv. EDH 119
2. L'art. 6 Conv. EDH 120
B. *Un contrôle fluctuant sur le respect de la vie privée* 120
1. Un contrôle initial protecteur 120
2. Un contrôle actuel tempéré 122
II. UN ROLE DETERMINANT DE LA CEDH SUR LA COOPERATION PENALE INTERNATIONALE 124
A. *Un contrôle avéré sur les mauvais traitements protégés par l'article 3 Conv. EDH* 124
1. Un contrôle classique des mesures d'extraditions 124
2. Un contrôle élargi à d'autres domaines couverts par l'article 3 Conv. EDH 127
B. *Un contrôle amplifié sur le terrain des droits fondamentaux* 129
1. Un contrôle renforcé par l'obligation de prendre des mesures provisoires 129
2. Un contrôle maitrisé par l'obligation de diligenter une enquête officielle 130

Nicolas BAREÏT

LA PLACE DE LA VICTIME DANS LA COOPERATION PENALE INTERNATIONALE OU LE RETOUR DU REFOULE 133

I. LE REFOULEMENT DE LA VICTIME DANS LE ROLE DE TIERS 135

II. LE RETOUR DE LA VICTIME DANS LE ROLE DE PARTIE 142

Laurent DESESSARD

COOPERATION JUDICIAIRE INTERNATIONALE EN MATIERE PENALE : SYNTHESE DES JOURNEES..............151

I. L'EMISSION DES DEMANDES DE COOPERATION ENTRE LA FRANCE, LE BRESIL ET LE SURINAM 157

A. L'objet des demandes.. 157

B. Les modalités des demandes... 161

II. L'EXECUTION DES DEMANDES DE COOPERATION ENTRE LA FRANCE, LE BRESIL ET LE SURINAM 166

A. L'application des règles procédurales de l'État requis.......... 166

B. Le respect des droits fondamentaux.................................... 170

TABLE DES MATIERES.. 177

Structures éditoriales du groupe L'Harmattan

L'Harmattan Italie
Via degli Artisti, 15
10124 Torino
harmattan.italia@gmail.com

L'Harmattan Hongrie
Kossuth l. u. 14-16.
1053 Budapest
harmattan@harmattan.hu

L'Harmattan Sénégal
10 VDN en face Mermoz
BP 45034 Dakar-Fann
senharmattan@gmail.com

L'Harmattan Cameroun
TSINGA/FECAFOOT
BP 11486 Yaoundé
inkoukam@gmail.com

L'Harmattan Burkina Faso
Achille Somé – tengnule@hotmail.fr

L'Harmattan Guinée
Almamya, rue KA 028 OKB Agency
BP 3470 Conakry
harmattanguinee@yahoo.fr

L'Harmattan RDC
185, avenue Nyangwe
Commune de Lingwala – Kinshasa
matangilamusadila@yahoo.fr

L'Harmattan Congo
67, boulevard Denis-Sassou-N'Guesso
BP 2874 Brazzaville
harmattan.congo@yahoo.fr

L'Harmattan Mali
ACI 2000 - Immeuble Mgr Jean Marie Cisse
Bureau 10
BP 145 Bamako-Mali
mali@harmattan.fr

L'Harmattan Togo
Djidjole – Lomé
Maison Amela
face EPP BATOME
ddamela@aol.com

L'Harmattan Côte d'Ivoire
Résidence Karl – Cité des Arts
Abidjan-Cocody
03 BP 1588 Abidjan
espace_harmattan.ci@hotmail.fr

Nos librairies en France

Librairie internationale
16, rue des Écoles
75005 Paris
librairie.internationale@harmattan.fr
01 40 46 79 11
www.librairieharmattan.com

Librairie des savoirs
21, rue des Écoles
75005 Paris
librairie.sh@harmattan.fr
01 46 34 13 71
www.librairieharmattansh.com

Librairie Le Lucernaire
53, rue Notre-Dame-des-Champs
75006 Paris
librairie@lucernaire.fr
01 42 22 67 13

www.ingramcontent.com/pod-product-compliance
Lightning Source LLC
LaVergne TN
LVHW021210061026
849535LV00008B/2658